5年後ではもう遅い！

45歳からのお金を作るコツ

ビジネス社

はじめに

ある日の昼さがり、クルマのなかから、道端を歩く、白く小さな子ネコを見つけました。「こんな交通量の多いところを大丈夫かな」と心配しながら見ていると、ヨタヨタとしているものの、どこか毅然とし、「私は1人で大丈夫」と態度で示しています。

夜、寝るときに、この子ネコを思い出し気がつきました。子ネコに教えられたのです、生き物は「1人だ」ということを。

お金は、大変ありがたいものです。いまの世の中、お金があれば、なんとか1人で生きていけます。

また、お金は社会とのつながりをもたらしてくれます。仕事をして生活資金を稼ぐとき、一緒に働く人とつながります。相手によるのでしょうが、自分に合ったつながり具合にするように心がければ、おのずとそうなるのです。

お金を稼ぐよりも人間関係に苦労するようなら、仕事そのものを見直すのもいいかもしれません。そもそも、お金で苦労するというのは、たいていは借金などの弱みや弱点を人から責められるといったように、マイナスの背景が必ずあるものです。逆に収入に見合った生活をしている限り、決してお金は人に悪さをしたりすることはありません。

では、お金とどううまくつき合えばよいのでしょうか。

お金は、自分自身の鏡です。

自分をよくわかっていると、うまくお金とつき合えます。逆に、自分自身のことが、もう1つわかりきれていないときは、お金はあなたとうまくつき合ってくれないかもしれません。

たとえば、ついつい衝動買いをしてしまう自分がいるとします。イヤなことがあって、ムシャクシャを晴らそうとして衝動買いをする癖があることをよくわかっていれば、そんなムダなことによる余計な出費を抑えることができるでしょう。そして、不要なものに部屋のスペースを占拠されることもなくなるはずです。

「そう言われても、自分自身のことなんてよくわからないし……」というのであれば、家族、両親を思い出してください。とくに、働く女子は母親かもしれません。

昔話ですが、婚約する前に必ず相手の母親に会ってよく観察しておくなどということがありました。それが20年、30年後の花嫁の姿だというのです。

個人的な考えですが、これは当たっています。若いときは、そんなことは認めたくないから考えもしないだけ。ところが、年を取れば取るほどに、自分自身が親に、とくに娘なら母親、息子なら父親に似てきます。そして、70代の晩年になると、ほとんど親と瓜二つの自分に驚くことになります。

ちょっと道がそれましたが、自分のことがわからないというのなら、両親をよく観察してください。きっと、いろいろなことを教えてくれるはずです。

お金と上手につき合うということに関して、大切なことがもう1つあります。

現在の日本は、本当によくできた国です。なにせ70年間以上にわたり戦争がなく、戦前にはまったく見られなかった〝公助〟という分野が発達し、成熟しています。戦争に費やされるような社会資源が、社会保障に向かったからかもしれません。

ここでいう公助とは、具体的には社会保険、つまり年金や医療保険です。基本は個人単位になっています。一部に夫婦に有利な仕組みも残っていますが、これは日本の社会保障のやさしさが表れているだけのこと。決して古い慣習などというものではありません。

この公助の分野を上手に活用することが、お金とうまくつき合う一環ともなります。そのためにも、制度そのものを知ることと、自分から申請するという仕組みを理解し実行することが大切です。なんでもいいので、疑問点は公的な機関に尋ねてみることを心がけてみませんか。

冒頭の白い子ネコ。実は、気になったのですぐに見た場所に戻ってみたのです。が、予想通りもういませんでした。当たり前のことです。人間も動物も、「そうだ！」と思った、そのときに行動に移しておかないと悔いを残すばかりになってしまいます。

思い立ったが吉日。何事もやってみましょう。体を動かしてみましょう。

そして、うまくいったのなら「なぜうまくいったのか」、うまくいかなかったときは「なぜうまくいかなかったのか」、じっくりと考えてみましょう。

この繰り返しだけが、お金と上手につき合っていくための方法であり、世渡り上手になるための基本なのではないでしょうか。

本書は、本書を手に取っていただいた皆さまが、お金と上手につき合うことができることを願ってまとめられたものです。ぜひ、働く女子の方々のこれからの人生、豊かな老後のためにご活用してください。

2017年10月

第1章 働く女子がいますぐ知っておきたい、定年後の〝理想〟と〝現実〟

第2章 年金、iDeCo、NISAの〝働く女子流〟超おトクな活用術

第3章

働く女子の前に立ちふさがる、保険と介護のここに注意！

第4章 老後の落し穴にハマらない、働く女子のスマートなマネープラン

この章のまとめ❹ 働く女子の老後の10大原則

第1章

働く女子がいますぐ知っておきたい、定年後の〝理想〟と〝現実〟

お金はためるより上手に使うほうが大事！

45歳、シングル女子。あと15年から20年ほど会社に勤めると、「定年女子」になる定年女子予備軍……。

そんなあなたの老後の心配や病気に対する不安は、たった1つの方法で解決することができます。それは**お金を「上手に使う」こと**です。

老後に備えてお金をためる、病気やけがに備えてお金をためる、というアドバイスを聞いたことがあるはずです。そのアドバイス自体は間違ってはいませんが、ためる知識だけでは、老後の不安は消えません。なぜなら、**定年女子がためられるお金には限度がある**からです。

45歳のいま、頑張ってお給料の3分の1を貯蓄に回したとして、あと15年で、いまの貯金残高にいくら上乗せできると思いますか？

45歳正社員女子の平均年収は433万円、定年間際の59歳になると逆に下がってしまって409万円だそうです（「転職サービスDODA」2016年調べ）。400万円の3分の1、130万円を15年ため続けると上乗せ分は1950万円。しかも、現実には3分の1もためることは難しいですよね。

そうなると、上乗せ分はもっと少なくなります。それでは、老後が不安になるのは当たり前。つまり、**お金をためようと思うと、逆に心配や不安はどんどん膨らんでいく**ものなのです。

それよりも、老後に向けてためたお金、年金などのかたちで老後に受け取るお金を、上手に使う知恵を身につけたほうが絶対におトクでしょう。

では上手に使うとは、どういうことなのか、気になりますよね。詳しくは第2章以降でお話ししますので、ここでは少しだけ触れておきましょう。

40代、50代、60代……と年齢を重ねるにつれて、誰でも健康を心配するようになります。もし、入院や手術をともなうような大きな病気をしたら、いったい治療費にいくらかかるのか。休んでいる間は、お給料はもらえないのか……。このように、心配ごとは増える一方でしょう。

でも、ここで「知恵」を身につけておけば、不安を覚えることはありません。

では、その「知恵」とは、いったいどのようなものなのでしょうか。

たとえば、医療機関や薬局の窓口で支払う医療費が高額になってある上限を超えた場合、その超えた額をあなたが加入している健康保険が支給する「高額療養費制度」が利用できます。会社を退職して、国民健康保険に加入しても、この制度は利用できるのです。

詳しくは第3章でお話しますが、**100万円の医療費がかかっても、この制度を知っていれば、自己負担額の上限は8万7430円（年収による）**で済みます。そうであれば、**過剰な保障がついた民間の医療保険を見直して、保険料を節約したほうがいい**かもしれません。これが上手なお金の使い方です。

「なぜ女子が働きづらいのか？」をめぐる本当の理由

上手なお金の使い方を知る一方で、上手にお金を得る方法も考えておかなければな

らないのは、言うまでもありません。

ここではまず、「女子が働く」というお話から始めます。少し歴史をさかのぼるので、関係ないと思われる方もいらっしゃるかもしれませんが、大事なポイントなので少し我慢しておつき合いくださいね。

いまから45年ほど前、定年女子を目指すあなたが生まれたくらいのころの**1972年に、「勤労婦人福祉法」という法律が施行**されました。

何とも時代を感じさせる名称ですが、女性が働くという「仕事生活」と育児・家事をするという「家庭生活」との調和を図ることと、女性の能力を有効に発揮させることを意図した法律です。

すでに当時は、**雇用者総数の3分の1が女性**でした。しかし、この法律の内容はあくまでも福祉に重きを置いており、会社に男女の均等待遇を求めていたわけではありません。

働く女子のあなたが、仕事以外の場面でもさまざまな苦労を味わいながら、定年まで勤め上げることになるはずのおおもとは、ここにあるのです。

そして、「勤労婦人福祉法」施行から14年後の**1986年、「男女雇用機会均等法」が施行**されました。採用や昇進、職種の変更などで、男女で異なる取り扱いを禁じた法律です。

当時、世の中はバブルへ向かうころ。企業はいくらでも人が欲しいという時代でした。ところが、バブルが弾けると一転、就職氷河期に。実際にその〝とばっちり〟にあった方も多いかもしれませんが、当時の就活生は1990年を境に数年の差で、天国と地獄に分けられたのです。

男女雇用機会均等法は幾度か改正され、**女性が定年まで働くことは〝建前〟上、当たり前**になりました。

とはいえ、〝本音〟の部分ではまだ「差」があるために、国は2016年に「いまさら?」と感じさせるような「女性活躍推進法」を作ったわけです。

女子の〝働く〟にまつわるヒドイ話については、これ以上触れないでおきます。とにもかくにも、こうして男女雇用機会均等法が施行されたころに社会人デビューを果たした働く女子たちは、いま、定年が見えてきた「定年女子予備軍」になっているわけです。

第二の人生が怖くて会社にしがみつく定年男子予備軍

多くの会社では60歳で定年退職とされていますが、**２０１３年に施行された「改正高年齢者雇用安定法」では、65歳までの希望者全員の雇用確保が企業に義務づけられています。**

ただし「定年を65歳に引き上げよ」ということではなく、「継続雇用制度の義務化」を確立したということ。

ですから、企業は次の３つの選択肢のなかから対応を選ぶことができます。

①65歳までの定年延長
②継続雇用制度
③定年の定めの廃止

このなかで、**最も多いのが②の継続雇用制度内での「再雇用制度」**です。

年収が高いことで知られるある会社の男性社員（彼も年齢的には定年男子予備軍です）は、「60歳で定年を迎えて再雇用で働こうとすると、年収が1000万円台から300万円台まで4分の1に下がる」と嘆いていました。

この会社では再雇用されて年収が下がるものの、何もせずに大きな顔をしてデスクに座っていられるそうで、「雑用をさせられる他社の友人とオレは違う」といばっていましたが、これでは自社の後輩たちのひんしゅくを買うばかりでしょう。

ただし、もちろん「再雇用された人は会社のなかで小さくなっているべきだ」と言いたいのではありません。

実際その会社には、何もせずに大きな顔をしている定年男子が何人かいるそうです。退職金をたっぷりもらったのだから、何もしないくせに会社に来るくらいなら、さっさとリタイアして悠々自適の生活を送ればよさそうなものですが、それは、とてもできそうにもありません。

なぜなら「怖い」からです。**生きがいがなくなるのが怖い。社会から離れるのが怖い。いままでの生活が一変するのが耐えられない。たとえ4分の1でも年収を確保しておきたい……。このような理由から、会社にしがみついているわけ**です。

働く女子が目指すべき定年後の生活スタイル

一方、**大半の定年女子予備軍や定年女子の方は、定年後に「大きな顔」をしたいのではなく、しっかりと仕事をしたいと考えているはず**です。しかし、再雇用社員や嘱託社員、契約社員になると、定年男子同様、やはり管理職時代とは違う仕事をやらされることになるでしょう。

決定権もなくなり、上長となった後輩（しかも当然年下）の指示を受けて初めて動けるという平社員の境遇に逆戻りです。

それでも働きがいが感じられる仕事であれば、そのまま年金が支給される65歳まで会社に残って、働く楽しさと年金が支給されるまでの収入を確保する道を選ぶほうがいいでしょう。

また、経理の仕事なら誰にも負けないとか、総務畑の業務に精通している、といったように、**仕事のスキルに自信があるのなら、再就職という手もありますね。**「腕」を買われて別の会社へ移るのですから、やりがいも大きいというものです。

さらには、**「独立する」という方法もあり**ます。

テレビ番組などでは、定年退職後や早期リタイアをして「そばの産地で手打ちそば屋を始めた」「海の見える場所にレストランを開いた」という夢のようなストーリーが紹介されますよね。

50代から日常の激務をこなしながら、開業を目指す人が集まるそば打ち教室に通うとか、コック修業をするといったような周到な準備と資金を確保してチャレンジする分にはいいと思います。

でも、当然のことながら**「そばが好きだから」程度で独立したところで、事業はうまくいきません。**ここで1つ、働き方の実例を見てみましょう。

ある都内のおそば屋さんのご主人は、定年と同時に自宅の1階を改装して、憧れだったそば屋を開きました。もちろんおそばは、そば粉から吟味した自慢の手打ちそばです。私鉄沿線の好立地だったため、昼時になると行列ができるほど。ですから開店当初、店主はホントに鼻高々でした。

ところが、お客のお店を見る目は甘いものではありません。もともと自宅の1階だったため店内が狭く、ムダに長い時間店外で待たされる。素人商売なので手際が悪く、注文した品がなかなか出てこない。そばは確かにおいしいのですが、手打ちにこだわったせいですぐに売り切れてしまう……。

こうして、**あっという間に、「狭い・遅い・料理がない」という、周辺で働く会社員の昼休みには使えない〝三重苦のそば屋〟となってしまった**のです。

当然のことながら、当初の行列は、すぐに消えてしまいました。さらに悪いことに、売り切れをなくすために無理なそば打ちを続けたことで店主は腰を痛め、とうとう店は休業に追い込まれてしまったのです……。

この例を見ればわかるように、**別世界に飛び込んで起業をするのなら、事前の準備をしっかり行い、「ちょっと厳しすぎるのでは」と思えるくらいの事業計画を作って、なるべく「当て」を外さないような体制を整えなければなりません。**

幸い、**最近では会社員の副業が認められる傾向にあるので、昼間は会社員として働いて資金をためて、夜はレストランなどで修業をして独立を目指すという「ダブルワーク」もあり**でしょう。逆に言うと最低限、それくらいしないと独立など夢のまた夢ということなのです。

さて、実例①はありがちな男性の話でした。続いて、いくつかのパターンに分けて「女子の働く」にまつわるエピソードを紹介しましょう。

働き方の例 ❷

動物が大好きなので、ペットシッターを目指した方、Fさんがいます。**ペットシッターとはベビーシッターのペット版ともいえる仕事**です。

ペットのオーナー（飼い主）さんから依頼されて、イヌなどの食事の世話、トイレの掃除、お散歩などを行います。ネコの場合はお散歩をしないので、室内で遊ばせるのも仕事の1つです。もちろん、もしペットの体調が良くないようなら、オーナーさんと連絡を取って動物病院へ連れて行くこともあります。

仕事の仕組みは以下のような感じです。

まず、オーナーさんが旅行などで何日間か家を留守にするとき、ペットシッターにペットの世話の依頼をします。あるいはオーナーさんが在宅していても、病気や高齢で動けないので代わりに世話をしてほしいと頼まれることもあります。

ペットホテルと違うところは、オーナーさんから鍵を預かってご自宅へと入ること。当然、信用第一の仕事です。

ペットシッターを目指したFさんは、会社員時代にペットシッター会社にアルバイトとして雇ってもらっていました。**ペットシッター会社は小規模なところが多いため、雇い主となる代表者に「この人なら大丈夫」と思ってもらうことが肝心**です。前述のようにオーナーさんの留守宅に入るのですから、いい加減な人は雇えません。

その点、彼女は有名な大企業の社員だったことで、身元は大丈夫と判断されたそうです。そのうえでペットシッターになりたいという熱意をうまくプレゼンできたこと（仕事で慣れているせいもある）、熱意の証明としてペットシッタースクールへ通った（通信教育もある）ことも評価されました。

とりわけ、依頼が集中する「ゴールデンウィークやお盆、年末年始に働けます」とアピールしたことが、かなり効いたようです。

実際**Fさんは、GWや夏休み、正月休みも一切遊ばずに、ペットシッターのアルバイトに専念**しました。その結果、最初のうちは先輩のペットシッターに同行して仕事の手順を覚え、やがて一人で仕事を任されるようになったのです。

そして、ころ合いを見て独立。詳しいことは省きますが、ペットシッター業に必須の「第一種動物取扱業」の「保管」の登録をし、動物取扱責任者になって、専業ペットシッターとして第一歩を踏み出しました。

とにかく、この仕事は信用第一なので、オーナーさんに信用してもらえれば継続して依頼が来ます。

会社員時代の接客術が役立ったこと、Fさんいわく「定年女子」ゆえに信用しても

らえたこと、シッター中の画像を送ったり、お世話の記録を残したことなど、オーナーさんが喜ぶきめ細やかなサービスを取り入れたことが功を奏し、事業は軌道に乗っているということです。

働き方の例 ③

さらにもう1つ、会社のハードな仕事で培った語学力を生かして翻訳家になった人の話を紹介しましょう。

その女性、Sさんは学生時代から英語が得意でした。いまは英語を話せる人など珍しくありませんし、会社からTOEICで700点以上を取りなさいと指導されることも間々あります。

そんなSさんが「ツイていた」のは、英語が得意だからと、輸出入関連の部署に配属されたことです。

就職したころは、まだメールが一般的ではなかったので、書類を手書きしてFAXで送信したり、テレックスという文字による通信手段を使って、クライアントとやりとりをしていました。

もちろん、外国の取引相手に電話を掛けさせられることもしょっちゅう。もっとも、電話の相手が外国人だからといって、きれいな英語を話すとは限りません。アメリカやイギリスといった英語圏以外の取引相手だと、お国なまりが強い〝英語風の言葉〟でまくし立てられてしまいます。

国際電話回線もいまほど明瞭ではなく、雑音が入ったり、声が大きくなったり小さくなったりするものだから、泣きそうになりながら相手の話を必死で聞いてメモをしたそうです。

しかも、どの分野でも同じことですが、かなり頻繁に、学校では習ったことなどない専門用語（しかも省略形）が使われます。そこでSさんは、必死になってそうした専門用語も覚えました。

思い返せば、それで実践的な英語力がイヤでも鍛えられた結果、自分の強みになったということです。

最近の新入社員は英文が上手に書けたり、日常の英会話には不自由をしない人など掃いて捨てるほどいるかと思いますが、専門分野の英語は当然それを知らない限り理解できません。ちょうど私たちが、大工さんや左官屋さんといった職人さん同士の符丁を交えた会話を耳にした際、言葉は聞き取れるけれど、会話の内容がちっとも理解できないという、あの感覚と同じです。

さて専門分野を持ったSさんは、会社が好条件で早期退職者を募ったときに退職して、翻訳者として独立しました。

あと6年ほどで定年を迎える年齢でしたが、会社に残らなかったのは、取引先に与えるイメージを考えた結果だそうです。

「60歳で定年を迎えたので、翻訳者として第二の人生を歩みますという私と、翻訳者として独立した50代の現役の私とでは、取引先はさてどちらを好ましく思うのでしょうか?」

もちろん同一人物なのだから実力は同じなのですが、**取引先に与えるイメージは50代現役の自分のほうがいいはず**、と考えたわけです。

独立したSさんは、輸出入書類の作成や翻訳の仕事を中心に、いつかやりたいと思っていた外国の本の翻訳も手がけています。「いまはビジネス書が多いのですが、いずれ小説の翻訳にも挑戦してみたい」とのこと。

こうして、さらに翻訳の腕を磨いたSさんは、仕事の依頼が引きも切らなかったばかりか、故郷に近い東北のとある大学の講師に招かれたことをきっかけに引っ越しをして、教壇に立つことにもなりました。

会社勤め、そして独立したころは時間に追われる毎日でしたが、現在は大学のゆったり流れる時間を楽しんでいます。

語学に限らず、専門分野を持つことは、独立するうえで強い武器になります。あなたもいま携わっている仕事のなかで、独立に役立ちそうな専門分野を見つけてスキルを磨いてみませんか。

次にちょっと目先を変えて、やや戦略的な実例をご紹介しましょう。
ワイン好きな女子は多いですよね。
あるワイン醸造家は、ワイン好きが高じて、会社を辞めてフランスへ渡り、現地の大学に入学して栽培醸造学を学び、卒業後はドメーヌ（ワインの生産者）で働くという経験を積んで帰国しました。

もちろん、これだけでも十分すごいことですが、ワインの醸造という仕事は大学で学んだり、資格を取得したりすれば、すぐに始められるというわけではありません。資金を調達して、ブドウ栽培に適した土地を探して、購入の交渉をし、開墾し、ブドウの木を植えて育て、数年後に収穫し、そこからようやくワイン造りに入ります。販売ルートも、自分で開拓しなければなりません。

つまり、当たり前の話ですが、**ワインが好きだからといって誰でも醸造家になれるというわけではないということ。よほどの熱意と幸運の持ち主でなければ、成功できない**でしょう。

ここまで本格的なことをやる人はあまり多くないとは思いますが、ワインが好きというのなら、ワインエキスパートやソムリエの資格に挑戦するというのも1つの手ではないでしょうか。日本ソムリエ協会によれば、ワインエキスパートは「ワインを中心とする酒類、飲料、食全般の専門的知識、テイスティング能力を有する方」であればよく、職種、経験は不問です。

一方、ソムリエになるためには、アルコール飲料を提供する飲食サービスやワイン・酒類飲料の仕入れ、管理、輸出入、流通、販売、教育機関講師、酒類製造に規定年数以上従事している必要があるように、ハードルが高くなります。

会社の仕事に関連しているのであれば目指すのもありですが、そうでなければワインエキスパートを目標にしたほうが、現実的だといえるでしょう。

では、その資格がどう役立つのか。身近な実例を紹介しましょう。

福岡市のあるレストランのオーナーが「アルバイトやパートさんで、ソムリエやワインエキスパートの資格を持った人がいるといいのですが」と話してくれました。

その店は、ワインを豊富に取りそろえた人気のレストランなのですが、シフト制のため正社員として複数人のソムリエを雇う余裕などありません。

それに、お客さまにはワインをもっとカジュアルに楽しんでいただきたいので、気軽に声を掛けられるホールスタッフがソムリエなどの資格を持っているのが理想的だというのです。

時給は一般のホールスタッフが850円なのに対し、ソムリエなどの資格があれば

1200円にアップします。しかも「年配の方のほうが説得力がある」と、ベテランさんを歓迎しています。

確かにいくらワインが好きとはいえ、**20代、30代の人にうんちくを語られるより、定年女子くらいの落ち着いた年齢の人のほうがワインだけでなく、人生の経験も積んでいるので、「説得力がある」**という指摘は納得できますよね。

こうしたレストラン、飲食業にとどまらず、大手流通会社が運営するリカー専門店でも有資格者が優遇されています。都内のある店舗では、フルタイムスタッフの時給が1000円のところ、ソムリエやワインエキスパート、ワインアドバイザー資格者は1400円です（なお2016年以降、ワインアドバイザーという呼称の認定試験はなくなり、ソムリエに統一されています）。

1日8時間フルタイムで働くと、時給1000円なら8000円、1400円なら1万1200円です。月20日間では前者が16万円なのに対し、後者は22万4000円。これは、一般的なモデル夫婦の年金額とほぼ同じなのです。年金の補完目的では十分な金額ですね。

夢をかなえる定年女子のためのケーススタディ

最後に皆さん、子どものころからの夢は何だったでしょうか。ケーキ屋さん、お花屋さん、宝石屋さんなどなど、たくさんの夢を持っていたことでしょう。しかし、実際問題「生きていく」ためには、夢などいつまでも追っていられません。そのため、いまの仕事を（イヤイヤながら）選んだ人も多いのではないでしょうか。

しかし、ある程度、生活の基盤を打ち立てることのできたいまこそ、自分の夢をもう一度追いかけられる最後のチャンスなのです。そう、これからの残りの人生、自分の夢の実現のために走り出してみませんか。

45歳は、〝夢の列車〟にギリギリ乗り込める年齢です。

では、どのように夢を実現すればいいのでしょう。

どうせなら、**夢の実現に役立つスキルを身につけつつ、資金をためられる一粒で二**

度おいしい方法で臨んでみませんか。

将来の起業を想定して、まずは働き先を決めることが重要です。そこで、またまた実際のケースを見ながら、説明していきましょう。

働き方の例 5

パティシエになることが夢だったというYさんは、少し通勤には遠くて、時給も低めだけれど、人気のスイーツを提供しているお店で働くことにしました。

ただし、この店でパティシエ修業をしようとは思っていません。ケーキ作りの技術なら、スクールで学べます。

それよりも、どのようなデータに基づいて商品を開発しているのか。原材料費にいくらかけているのか。人件費はどうなっているのか。店の家賃はいくらなのか。1日の売り上げはどれくらいなのか。スイーツの店にふさわしい接客とはどのようなものなのか……。

そういった**料理学校では教えてもらえない経営の現実を、給料をもらいつつ学ぶ**ことが目的だったのです。

Yさんが店長から指示されたのは、お客さまの注文を聞いて、厨房へ伝え、できあがったスイーツをテーブルに運ぶという、あくまでアルバイトに任される範囲の仕事にすぎません。でも学ぶという目で観察すると、一味違う経験が積めます。

「お客さまは何時ごろに多く来店するのか？」

「何人連れが多いのか」

「男女の比率はどれくらいなのか？」

「年齢構成はどうなっているのか？」

「レジで支払う金額はいくらくらいが一般的なのか？」

「季節ごとに変わる人気のメニューは何なのか？」

こういった〝企業秘密〟とも言えそうな情報がたくさん得られたのです。**情報を探る〝スパイ〟のような気持ちで働くと、指示待ちではなく、自然と自ら動くようになり、店長の評価もアップ**します。すると、さらに重要な仕事を任されるようになり、時給もアップするという好循環が生まれるわけです。

加えて、実際に現場で働く同僚の店員たちの声も聞くことができました。休み時間のグチのなかからも、店舗運営の改善点が見つかります。あるいは、どんなタイプの人が真面目に働くのか、サボるのかという人を見る目も鍛えられるわけです。

こうしてYさんは、店の内情をつぶさにチェックして、良い部分は吸収し、悪い部分は反面教師として改善することにし、ついにアルバイト生活から2年後、オープンへとたどりつくことができました。

Yさんは自分の夢を実現しましたが、このような働き方をすれば、仮にオープンに至らなくても、あるいは自分の店を持つ気などはなからなくても、**漫然と働いたのでは実現できない自分磨きができる**はずです。

ぜひ皆さんもご自身の夢を思い返しつつ、新たな人生のステージにチャレンジしてみませんか。きっと、これまでにない経験ができると思います。

この章のまとめ❶

定年後のお金の10大原則

1. お金はためるより上手に使うほうが大事！
2. いまや女子が定年まで働くのは当たり前！
3. 定年後の再雇用では平社員の境遇に逆戻りする可能性大！
4. 「好きだから」だけで独立するのはキケン！
5. 起業するなら厳しすぎるくらいの事業計画が必要！
6. 会社員のダブルワークでスキルアップ！
7. 会社の業務で専門性に磨きをかける！
8. 人生経験豊富な働く女子のほうが有利な仕事がある！
9. 45歳は“夢の列車”に乗り込めるギリギリの年齢！
10. 夢の実現のためにスキルと資金がたまる仕事を見つける！

第2章

年金、iDeCo、NISAの〝働く女子流〟超おトクな活用術

年金を心配する前に確認しておくべきたった1つのこと

20代はもちろん、30代でも気にしないのに、40代になると気になり始め、50代になると気になるどころか不安になることはなんでしょう？

いきなりですがクイズです。

いろいろな答えが浮かぶかもしれませんが、**ここでの答えは「年金」**です。

40代になると、多くの親が年金生活を始めるので、老後の生活事情が少しずつわかってきます。「趣味だ、旅行だ」と第二の人生を楽しんでいる親もいれば、真面目にコツコツと働いてきたのに、老後の生活は余裕がなさそうという親もいます。

もちろん、年金の受給額や貯蓄したお金の量によって、老後の生活はずいぶん違ってくるわけです。

50代になると、日本年金機構から送られてくる「ねんきん定期便」の様式が変わります。40代のころは、これまでの加入実績を基に計算した老齢年金の額が示されていましたが、50歳以上の人には、現在加入している年金制度に、60歳まで同じ条件で加入し続けると仮定した老齢年金の見込額が示されるようになります。

具体的な年金額がわかる（それも現役で働くいまよりもずっと少ない額）ため、そこで初めて「この金額で生活ができるのかしら」と不安を感じるわけです。

私の仕事は社会保険労務士・FP（ファイナンシャルプランナー）なので、「この年金額で暮らせますか？」とか「老後はどれくらいの貯蓄があればいいでしょうか？」などと質問されることが、よくあります。

十分な年金額や十分な貯蓄額というのは、「年金世代になっても維持したい生活水準はこれくらい」とか、あるいは「扶養家族がいる」といったように家族ごとに事情が異なるため、「これだけあれば大丈夫」という基準はありません。

ですから、「あればあるほど」と答えたくなるのですが、そんな答えは誰も望んでいませんよね。それに「あればあるほど」という漠然とした答えでは、いずれ定年女子となる女性たちの不安をあおるだけになってしまいます。

そこでまず、私が言いたいのが、**「ほかの人たちの財布の中身をのぞいてみましょう」**

ということ。とはいえ、貯蓄額は親しい友人にだって聞きにくいし、気軽に教えてくれるものではありません。そこで、国の調査を見てみることにしましょう。

老後の貯蓄の〝誤解〟と〝現実〟

総務省の調べでは、**日本の家庭の平均貯蓄額は1820万円**です（2016年「家計調査報告（貯蓄・負債編）」、2人世帯の平均値）。

国が家計調査などを行う際の「貯蓄」には、預貯金のほかに生命保険会社の積立型生命保険、損害保険会社の損害保険（火災・傷害保険のうち、満期時に満期返戻金が支払われる積立型のもの）、社内預金、国債をはじめとする債券、投資信託、株式なども含まれています（図2-1）。

ただし、家や土地などの不動産は大きな財産ですが貯蓄には含まれません。自動車や絵画などの資産も除外されます。そこで定期預金と普通預金、生命保険に限って計算すると、**平均貯蓄額は1517万円**に下がるわけです。

図2-1 日本人の貯蓄は増え続けてはいるけれど……

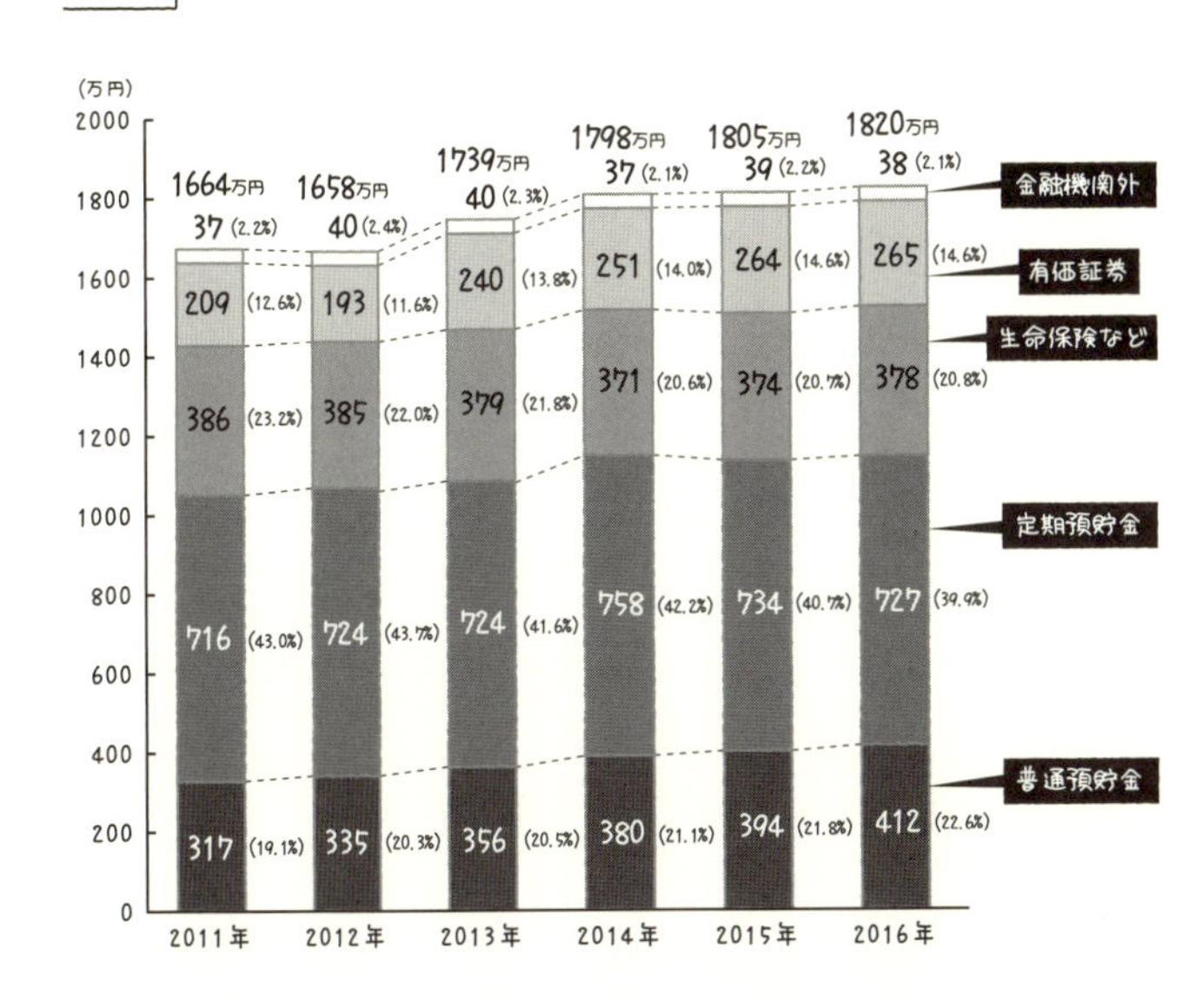

それでも「そんなにない」と思った人も、多いのではないでしょうか。

実は、その感覚は間違っていません。**実際の調査対象には高額の貯蓄を持つ一部の富裕層も当然含まれているため、平均では1820万円になりますが、それを下回る世帯は3分の2もいるの**です。ですから、**「そんなにない」という感覚が“正しい”**のがわかるでしょう。

さて、先ほどの貯蓄額が一部の富裕層を含めた平均であることを頭に入れつつ、世帯主（2人以上世帯）の年齢別の貯蓄現在高・負債現在高を見てみま

図2-2 **年をとるほど日本人はお金持ちになる!?**

（2人以上の世帯）—2016年—

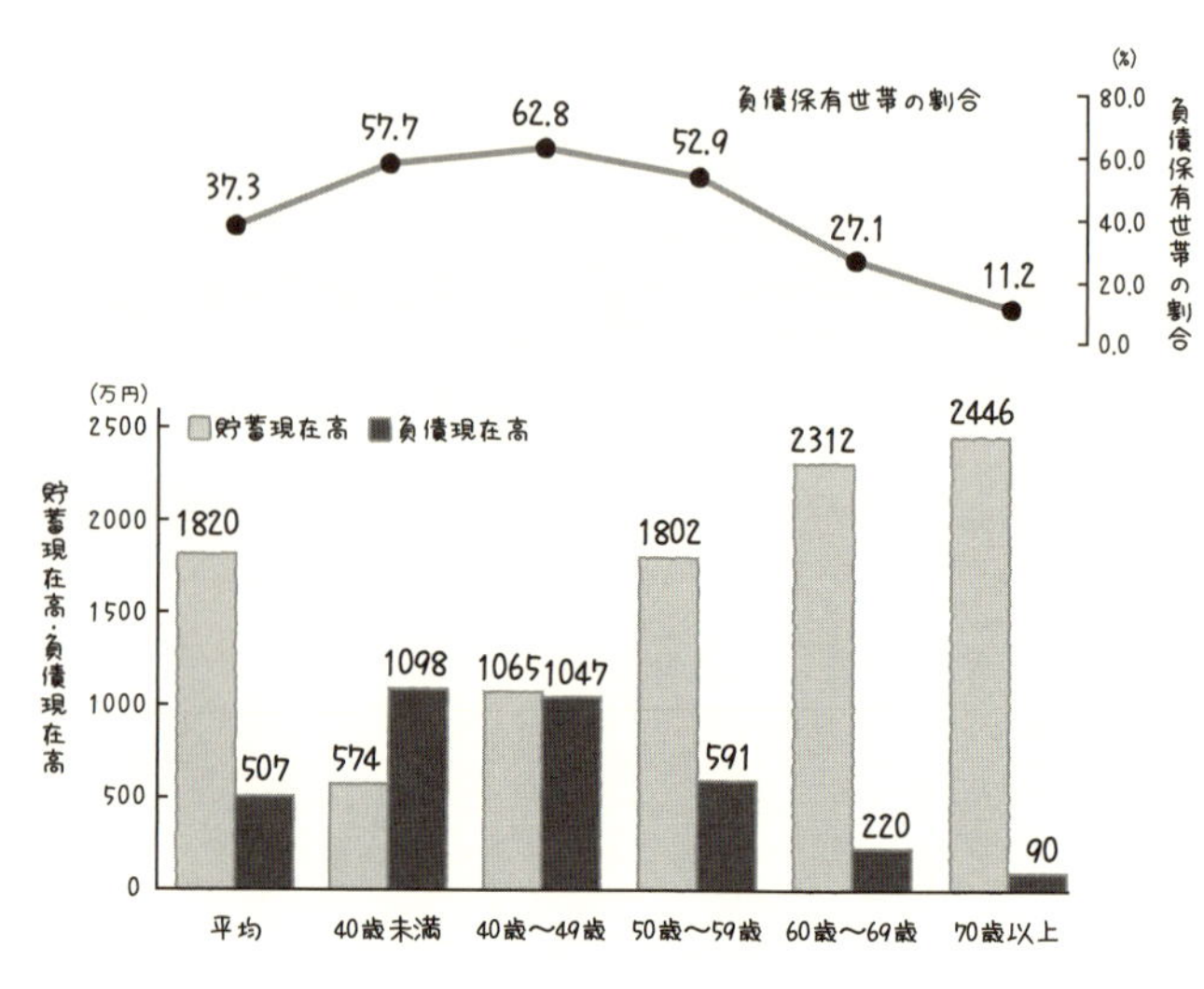

しょう（図2-2）。

働き盛りの40～49歳では貯蓄が1065万円、負債がほぼ同額の1047万円、定年が見えてきた50～59歳が1802万円（負債591万円）、定年を迎えた60～69歳は2312万円（負債220万円）、70歳以上は2446万円（負債90万円）になります。

ここでわかるのは、**定年を迎えたであろう60歳以上の世帯主の貯蓄額は、平均の1820万円よりも多い**ということ。

さらに、そうした家庭では、負債の大半を占めていた住宅ローンが終わる一方で、会社員であれば退職金を受け取れます。

ですから、定年を迎えた家庭の資産が増えることになるわけです。

もう一度見てみましょう。

世の中の平均貯蓄額が平均1820万円で、定年を迎えた60〜69歳の貯蓄額は平均2312万円。

ところが、「老後に必要なお金は1億円」と派手にうたった記事を見ることがありませんか。そして、おそらく大半の人は「1億円もの貯蓄なんてあるわけないじゃない……」と、がっくりとうなだれることでしょう。

「老後資金1億円」からすっぽり抜けている2つの要素

1億円の根拠の1つに、生命保険文化センターの意識調査があります。それによると、**夫婦2人で老後生活を送るうえで必要な最低日常生活費は、月額で平均約22万円**です（2016年度「生活保障に関する調査」）。

これに旅行やレジャーといったゆとりの部分である「最低日常生活費以外に必要と

考える金額」の平均約13万円を加算すると、**毎月35万円の支出**になります。

次に65歳で定年を迎えた定年女子は、何歳まで生きることができるのかを見てみましょう。

厚生労働省の「2016年簡易生命表」によると、**65歳女性の平均余命は24・38歳（89・38歳）まで生きることができる**（**ちなみに定年男子は19・55歳**）なので、**一般的には90歳まで生きる**といえそうです。

そこで**65歳から90歳までの25年間、毎月35万円ずつ使うことを想定すると、必要となる合計金額は1億5000万円**になります。

これを見て「やっぱり、最低1億円はいるのね……」と、滅入ってしまった方も多いでしょう。ところが、そんなに気落ちする必要はありません。実はこの試算には、重要な2つの要素が抜けています。

1つ目の要素。

それは、**誰でも年齢を重ねるにつれて消費が減るということ**。

たとえば、食事の内容が変わり食べる量も減るでしょう。さらに、遊びのために外出の機会も減るはずです。ファッションに関しても見た目よりも、着やすく動きやすい機能性を重視して選ぶようになるでしょう。無論、医療費は増える可能性が高まりますが、75歳以上になると「後期高齢者医療制度」に加入するため、窓口負担は原則1割で済みます。

2つ目の要素。

それは、**「老後資産1億円」の試算では収入を考慮していないということ**。**収入とは主に公的年金のこと**です。これは非常に大事なことなので、まずここでは、公的年金のざっくりとしたイメージをつかんでおきましょう。

定年女子の"良識"が導く身の丈に合ったお金のやりくり

1966年4月2日以降に生まれた女性は、65歳になると年金が支給されます（男性は1961年4月2日以降生まれ）。

また数字が並びますが、重要な部分ですので少し我慢してくださいね。

ここでは、高齢者が1年間でどれくらいの収入を得ているのか、厚生労働省の「2015年国民生活基礎調査の概況」で確認していきましょう。この調査では、高齢者世帯を65歳以上の人だけの世帯か、これに18歳未満の未婚者が加わった世帯としています。

それによると、**高齢者世帯の総所得は297万3000円。そのなかで7割近くを占めるのが公的年金（恩給を含む）で200万6000円**となっています。次いで働いて得たお金を意味する稼働所得が60万2000円です。パートで働いて月5万円ほど得ているのが平均といえるでしょう（図2-3）。

高齢者とはいえ、体が元気なうちは働くことができますが、次第に**働けなくなると「収入」は公的年金のみ**になります。

先の調査によると、公的年金の総所得に占める割合が100％の世帯は、実に55％も存在します。つまり全収入が200万6000円、月額では16万7000円になるというわけです（図2-4）。

仮に65歳からの年金額を200万円とすると、25年間では5000万円になります。

図2-3 高齢者世帯の年金依存は予想以上です！
（2015年調査）

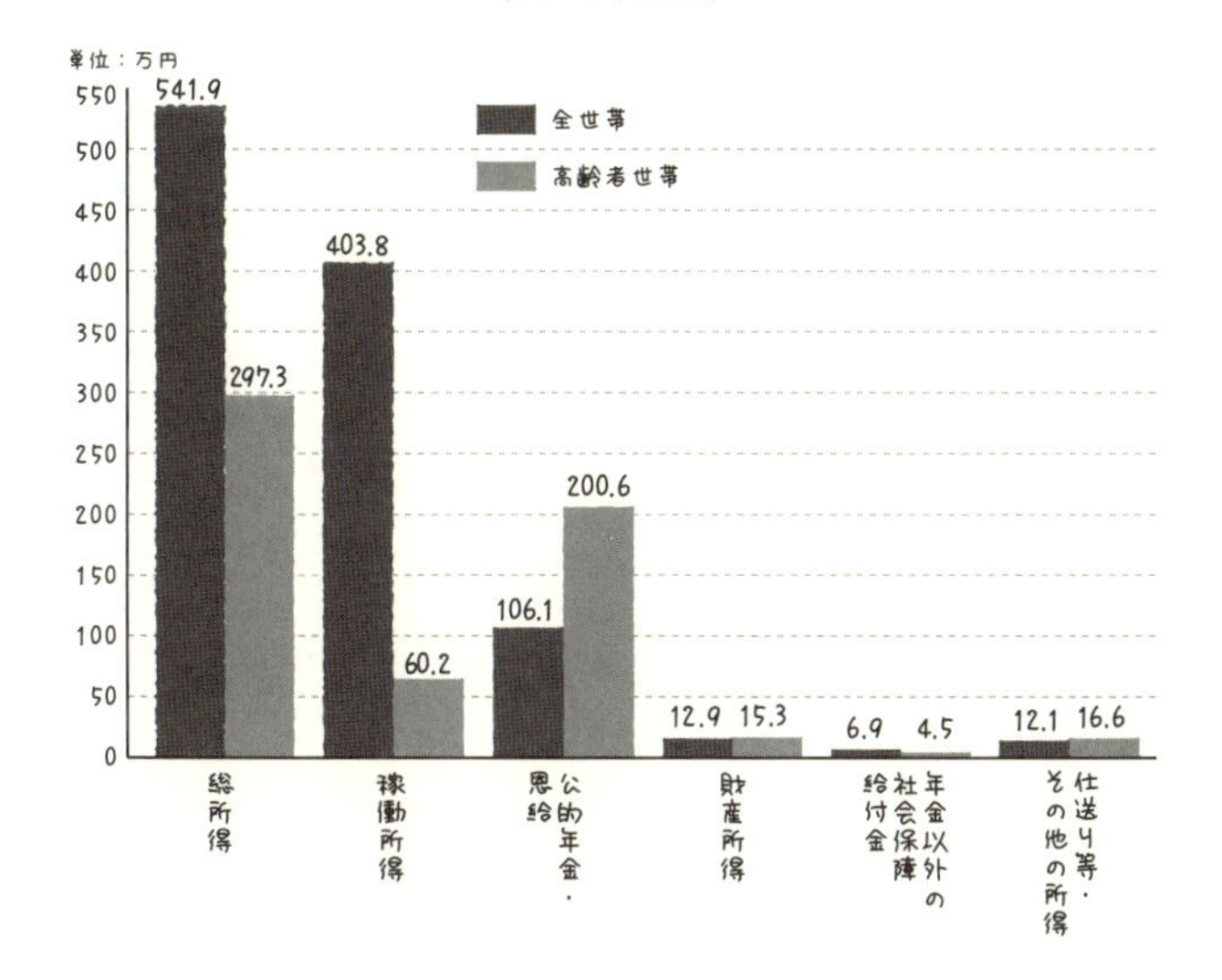

図2-4 高齢者世帯の総所得に占める公的年金・恩給の割合
（2015年調査）

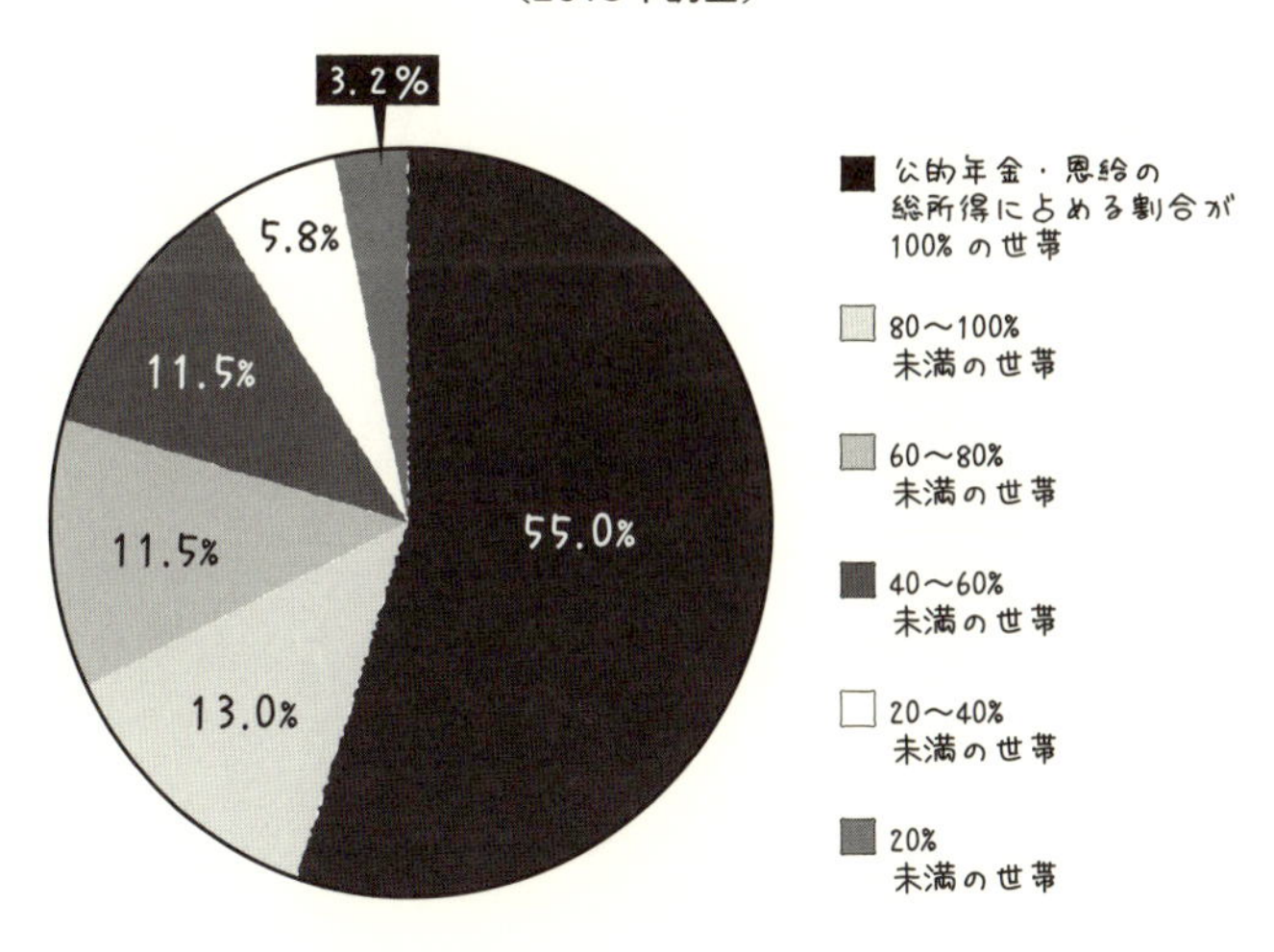

「1億円」の半分は年金でカバーできるが、残りの5000万円は自力で用意しなければならない……という結論には、もちろんなりません。

定年女子は賢明です。

収入が月額16万7000円とわかっているのに、毎月35万円ずつ使って18万円以上の赤字を出し続ける人など、まずいないでしょう。そうではなく、あくまで〝身の丈〟に合った生活を目指すはずです。

もちろん、身の丈は人によって変わりますが、ここでは、すでに退職されて無職となり、年金で生活している先輩たちの家計を1つの目安として紹介します。

次の図は、総務省の「家計調査報告」（2016年）のデータです（図2-5）。

まず、上の「高齢夫婦無職世帯の家計収支」を見てみましょう。

図の上部分の「収入」のうち、社会保険給付は「年金額」と読み替えてください。

これは19万3051円です。

続いて図の下部分は支出です。**最も多い支出が食費で27・3%、教養娯楽が11・1%、そして交通・通信が10・6%**と続きます。

図2-5 身の丈に合った暮らしってどんな感じ？

●高齢夫婦無職世帯の家計収支 ―2016年―

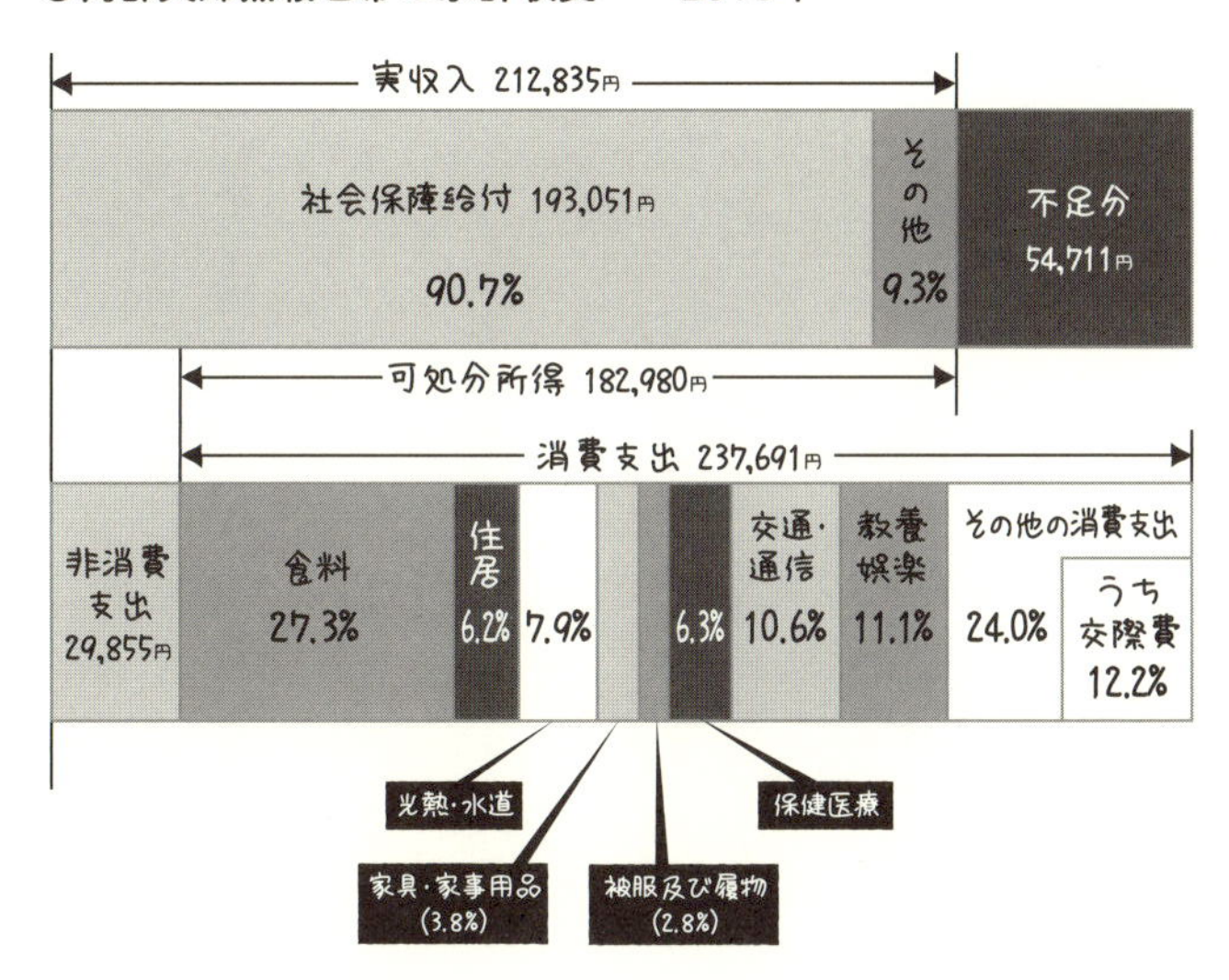

※高齢夫婦無職世帯とは、夫65歳以上、妻60歳以上の夫婦のみの無職世帯

●高齢単身無職世帯の家計収支 ―2016年―

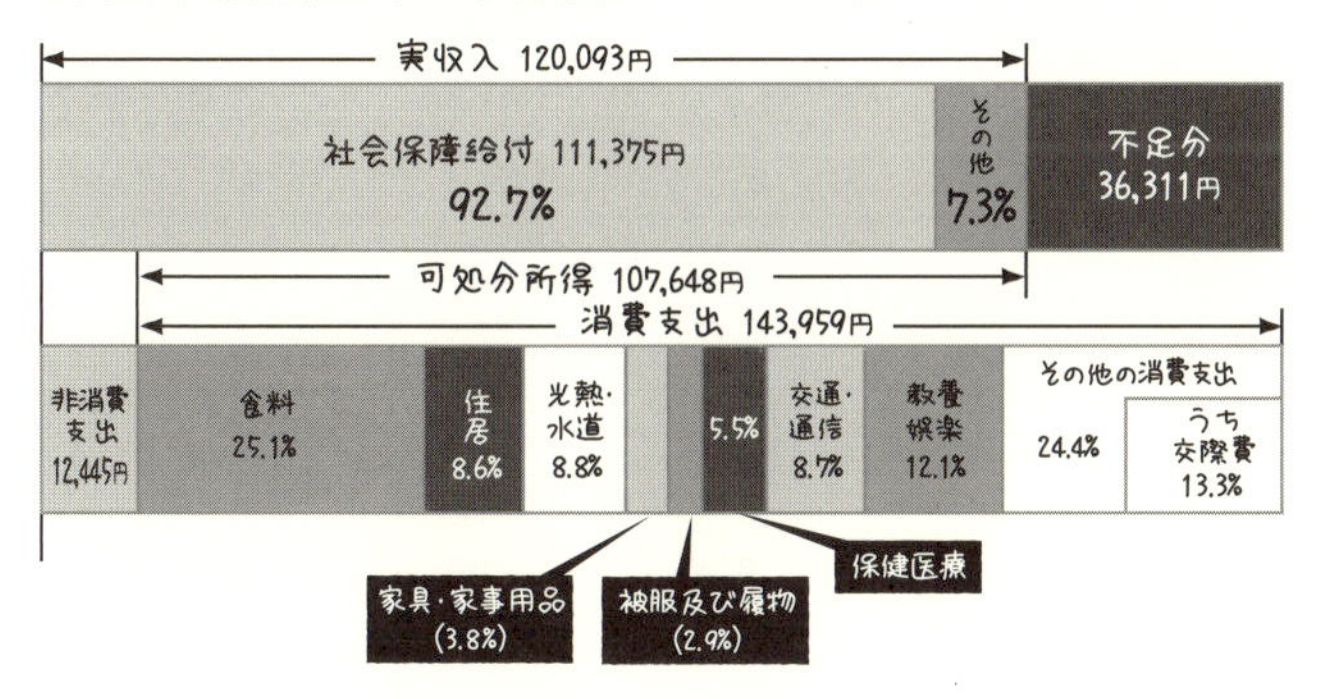

※1　高齢単身無職世帯とは、60歳以上の単身無職世帯
※2　図中の「社会保障給付」及び「その他」の割合（%）は、実収入に占める割合
※3　図中の「食料」から「その他の消費支出」の割合（%）は、消費支出に占める割合

この家計では「支出」に対する「収入」の不足分が5万4711円となっており、つまり赤字が生じているので〝身の丈〟に合っているとは必ずしも言えませんが、「夫婦で暮らすと将来、こんな家計簿になるんだな」ということが、何となくわかっていただければ十分でしょう。

シングルの定年女子は年金が厳しいという現実はあるが……

次に、下の「高齢者単身無職世帯の家計収支」です。

図の上部分の「収入」を見ると一目瞭然ですが、シングルの定年女子は、少し厳しい生活になります。

図の下部分にある「支出」の割合は、高齢者夫婦と変わりませんが、上の図の**社会保障給付（年金額）が11万1375円と、高齢者夫婦の半分程度**なので、実際の支出金額も半分ほどになるはずでしょう。つまり食費の割合がほぼ同じでも、使えるお金は半分になるということです。

当たり前の話ですが、高齢者夫婦でもシングルでもキュウリ1本、豆腐1丁の値段は変わりません。ですから、この年金額のままでは切り詰めた生活をしなければならないことが、容易に想像できるはずです。

この「家計調査報告」を見てわかったように、シングルで会社員として働いてきた定年女子になった人（単身世帯）と、夫婦ともに会社員として働いて定年を迎えた人（2人世帯）とでは、世帯として受け取る年金額がかなり違ってきます。もちろん共働き夫婦のほうが、年金額が多くなるのは言うまでもありません。

そこで、年金制度はどうなっているのか、実際の中身、仕組みについて改めて見ていくことにしましょう。

社会保険料をいくら払っているのか、しっかりチェック！

会社員のあなたは会社を通じて「厚生年金」に加入しています。「あれ？　入社した当時、ちゃんと加入手続きをしたかどうかわからない！」という人も安心してください。厚生年金保険料は給料から天引きされています。

給与明細書があれば見てください。「控除」という項目があり、健康保険、介護保険、雇用保険、厚生年金という項目が並んでいます。この厚生年金という項目の金額が、あなたが毎月支払っている年金保険料です。

これを見て「え？　こんなに!?」なんて驚かないでください。

厚生年金保険料は、毎月の給与（標準報酬月額）と賞与（標準賞与額）に共通の保険料率を掛けて計算します。保険料率は、2004年から毎年9月に0・354%ずつ引き上げられ、**2017年9月以降は18・3%に固定。これが上限なので、法律が変わらない限り、保険料の引き上げはありません**。

この18・3%に相当する保険料を、あなたと事業主（会社）で折半して払います。

厚生年金保険料の計算式は、

標準報酬月額×18・3%＝厚生年金保険料

となるので、**あなたが払っているのは半分の9・15％分**となります。折半が一般的ですが、会社によっては折半ではなく6対4で会社の負担が多いという、恵まれたところもあるそうです。

ちなみに、豆知識として「標準報酬月額ってなに？」という話を。

毎月の給与（基本給のほか残業手当や通勤手当などを含めた税引き前の給与）は、残業などによって毎月変わりますよね。社員はたくさんいるわけですから、1人ひとりの正確な給与額を計算に用いるのは大変なので、一定の幅で区分した「標準報酬月額」というものを使うわけです。

具体的には、**基本給に役付手当、通勤手当、残業手当などの各種手当を加えた1カ月の総支給額を「報酬月額」**といいます。大ざっぱにいえば「お給料」ですね。その金額（報酬月額）は人によりまちまちなので、健康保険料の場合は50等級（区分）、年金保険料の場合は31等級（区分）に分けています。

たとえば**月収（報酬月額）が30万円の人は、報酬月額29万～31万円の範囲に入り、健康保険料の22等級、年金保険料の19等級に該当し、標準報酬月額は30万円**になります

（40歳以上64歳以下の第2号被保険者の場合。〈第2号〉の定義については59ページを参照してください）。

この場合の健康保険料は3万4680円です（40歳以上、東京都協会けんぽ）。給与明細に記載されている保険料と同額を、実は会社が負担してくれているわけです。

月収（報酬月額）40万円なら39万5000円～42万5000円の枠に入り、健康保険27等級（年金保険24等級）で標準報酬月額は41万円。保険料の負担は健康保険4万7396円を折半（40歳以上、東京都協会けんぽ）、年金保険料は7万5030円を、やはり折半で負担します。

となると、健康保険料は2万3698円、年金保険料は3万7515円を会社と折半で負担することになるわけです。

第1章で、お金を上手に使うというお話をしました。いま見たように、**月収40万円の人なら、健康保険、年金保険料合わせて6万1213円を会社に半分負担してもらっているということになる**わけですから、自営業者に比べると会社員は、やはりおトクですね。

なお賞与も同じ考え方です。標準賞与額という、税引き前の賞与の額から1000

円未満の端数を切り捨てたものを使います。また、厚生年金保険料は支給1回につき150万円が上限です――というようなことも会社がやることなので、「ふーん、そんな仕組みなんだ」と思っていただければOKです。

いまさら聞けない国民年金と厚生年金キホン中のキホン

セミナーなどで年金の話をする際には、「会社員は厚生年金に加入する」という説明をしています。でも、正確には加入するのは厚生年金だけではありません。**厚生年金に加入しているということは、国民年金にも加入しているということになります**。国民年金は、会社員、公務員、自営業者、フリーター、学生も含めて、日本に住む（外国籍を含む）20歳以上60歳未満の誰もが加入する年金制度であり、年金保険料を払わなければならない義務がともないます。「国民皆年金制度」ですね。

65歳から受け取れる年金は、国民年金の給付である「老齢基礎年金」で、これはこの国民年金から支払われます。定年女子になるとあなたも前述のように、20歳以上60

図2-6　公的年金は2階建ての家！

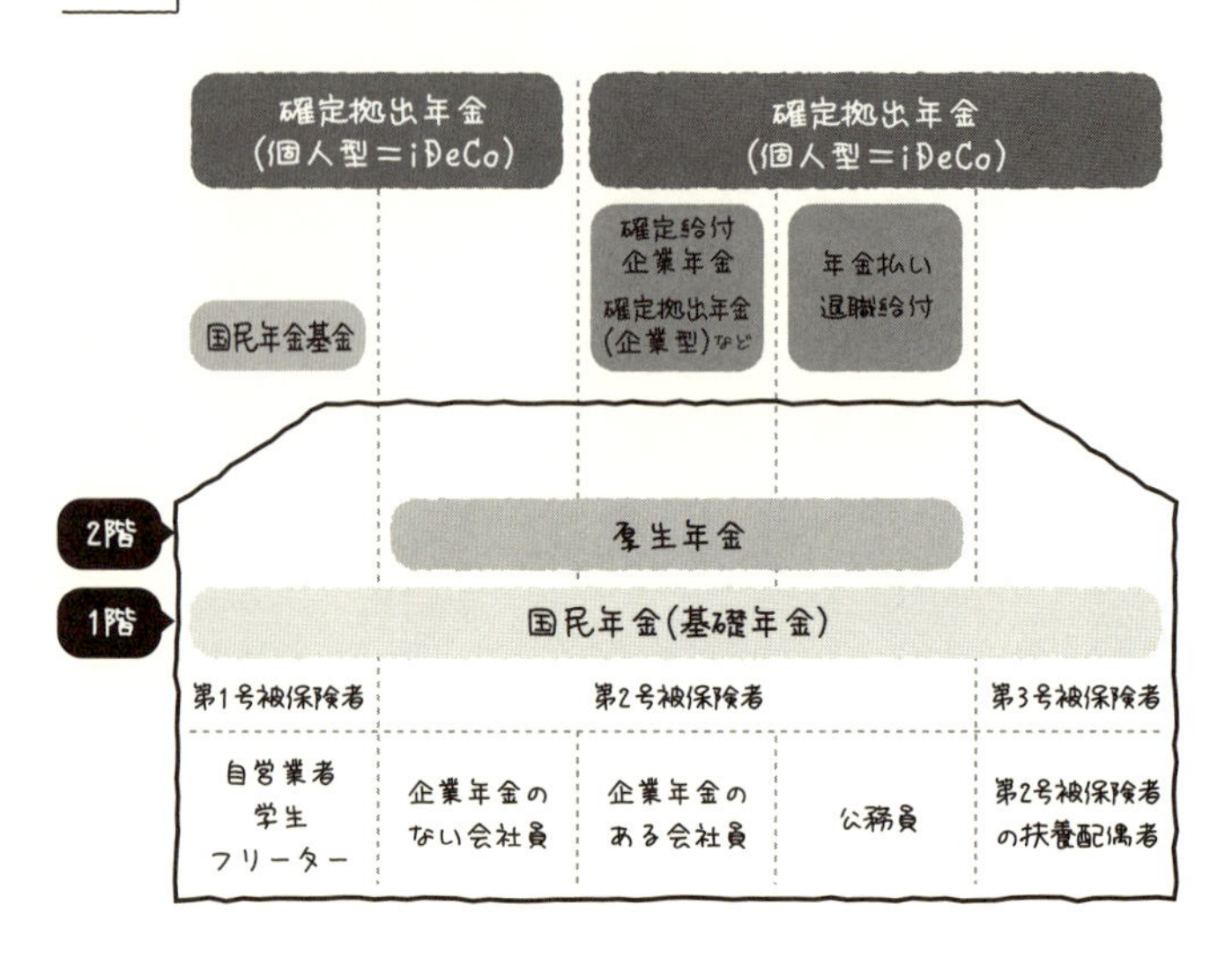

歳未満の誰もが加入している老齢基礎年金を受け取ることになるわけです。

国民年金は年金制度の基礎部分となっていることから、給付の名称は「基礎年金」です。よく、厚生年金と国民年金の関係の説明として、2階建ての家のたとえが使われるのを見たことがある方も多いでしょう。

この**家の1階部分は国民年金、2階部分が厚生年金**です（図2-6）。1階と2階で1つの家なので、会社員のあなたは、厚生年金保険の制度を通じて国民年金に加入していることになります。厚生年金がなく1階部分の国民年金だけの自営業の人よりも、会社員のほうが年金額が多いということは、このことからわかりますね。

さて、よく「専業主婦は3号だから……」という話を聞いたことがあるのではないでしょうか。そして、それを聞いて「3号があるのだから1号も2号もあるのでは」と思った方、もちろん正解です。

国民年金に加入している人（＝先ほども説明したように、日本国内に住所を有する20歳以上60歳未満のすべての人）は、「国民年金の被保険者」といいます。さらに、この被保険者は第1号から第3号まで、3つの被保険者の種別に分けられています。分けられている理由は、保険料の納付方法が異なるからです。

第1号被保険者とは、自営業者、農業者、フリーランス、学生などが対象となっており、保険料は年収に関係なく一律1カ月当たり1万6490円（2017年度）です。全額自己負担ですね。

第2号は、つまりあなたのような会社員（正社員や契約社員などといった雇用形態に関係ありません）、公務員が対象となり、保険料は年収に応じて決まります。

第1号被保険者が保険料を個別に納付する一方で、第2号被保険者は厚生年金保険料として払いますが、国民年金保険料として別途支払うことはありません。

先述の**第3号で代表的なのが、夫に扶養されている専業主婦**です。パートで働いていても年間収入130万円未満や1週間30時間未満（従業員が501人以上の企業については1週間20時間未満）の労働時間であれば、夫の会社が加入手続きを行います。自分で国民年金保険料を納める必要はありません。

また、そのまま60歳まで第3号被保険者として国民年金に加入していると、保険料を負担しなくても、65歳から1階部分の老齢基礎年金を受け取ることができます（2階部分は受け取れません）。

ただし、**自営業者の奥さんの場合は要注意。専業主婦であっても第3号ではなく、第1号となり、自分で国民年金保険料を払わなければなりません**。

たとえば、大学を卒業したあなたが会社員として働き始め、その後独立して自営業者となったとしたら、年金加入遍歴は、学生時代が国民年金、会社員時代が厚生年金、自営業者時代が国民年金となります。

「複雑だなぁ」と思われるかもしれませんが、この**年金履歴は誕生月に届く「ねんき**

ん定期便」で確認できます。

現在支払っている年金保険料の額に関しては、会社員として働いているのなら、給与明細書を見てください。先ほどもご紹介したように、「控除項目」が社会保険にあたる部分で、このなかの厚生年金という項目が、年金保険料です。

たとえば、**2017年10月分の厚生年金保険料は、標準報酬月額が38万円の人で6万9540円（年金保険料率18・3％）、これを会社と折半して3万4770円を支払っているのがわかるでしょう。**

これからはiDeCoが働く女子の年金計画の当たり前

では、働くシングル女子の年金額はいくらになるのか。

厚生年金の加入期間は38年間。大学を卒業後、22歳で就職して60歳で定年を迎えるという想定で、シミュレーションを考えてみましょう。

ただし、これからはiDeCo（イデコ＝確定拠出年金）に加入する人も増えるはずな

図2-7 iDeCoの仕組みを見てみよう！

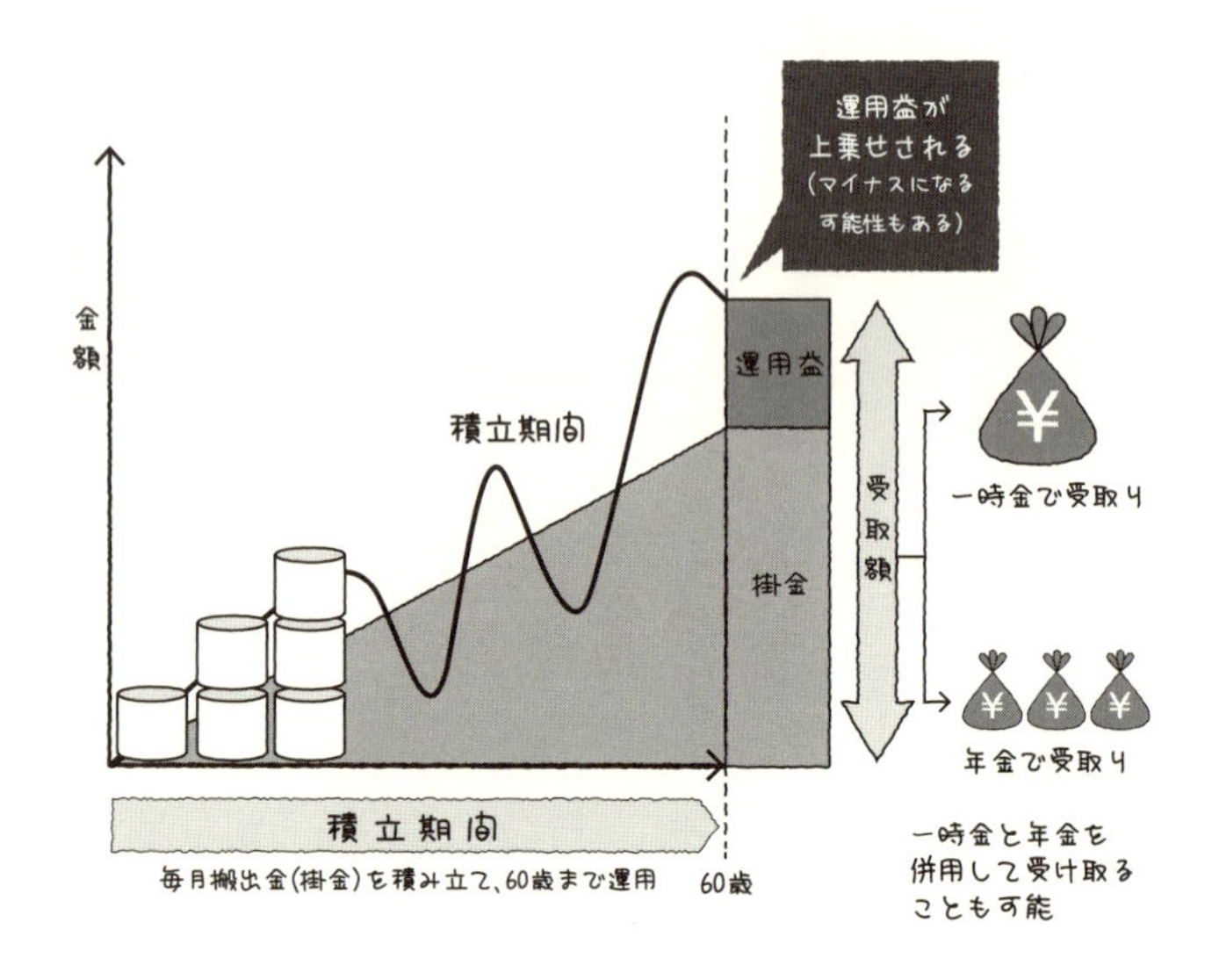

ので、まずはその説明から。

前にも説明したように、会社員のあなたは、会社のほうで厚生年金に加入する手続きを行ってもらえます。

一方、iDeCoとは、自身で加入の申し込みを金融機関で行い、加入者自身が運用方法を決めてiDeCo用の金融商品を選んだうえで、月々の掛金を拠出（積立）するというもの。そして60歳以降に、掛金とその運用益との合計額を基に、給付を受けることができるという仕組みになっています。

つまり、いわば**自分で作る〝ハンドメイド年金〟**ということですね。

また、iDeCoは確定拠出年金法に基づいて実施されている「私的年金」の制度です。ここでいう**私的とは民間の保険会社などという意味ではなく、任意で加入する年金制度ということ**。

掛金は所得控除、運用益は非課税、給付を受け取る際には、退職所得控除、公的年金等控除など税制上の優遇措置があることから、これに加入するのもお金の上手なため方の1つといえるでしょう。

iDeCoは、2017年1月からスタートした制度です。その前から「個人型確定拠出年金」という制度はあったのですが、企業年金制度のある企業の従業員や公務員、専業主婦も加入できるように制度が改められたことで、iDeCoという愛称がつけられました。

ちなみに、iDeCoという名称は個人型確定拠出年金の英語表記「Individual-type Defined Contribution pension plan」にちなんでいます。実は愛称選定委員会には私も参加させていただき、スポーツコメンテーターの杉山愛さんらとともに、この名称を選んだんですよ。

図2-8 老後資金を積立てながらレッツ節税！

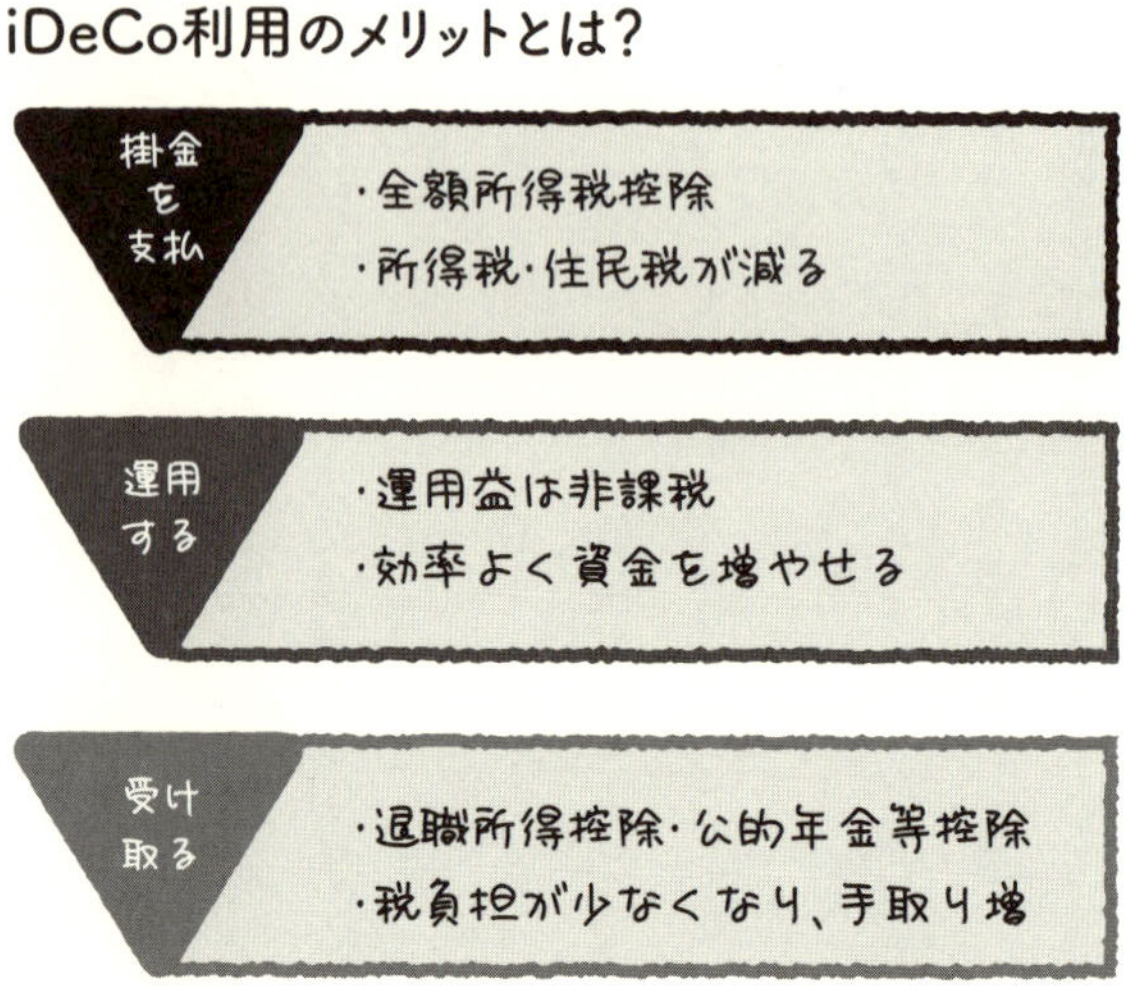

iDeCo利用のメリットとは？

掛金を支払	・全額所得税控除 ・所得税・住民税が減る
運用する	・運用益は非課税 ・効率よく資金を増やせる
受け取る	・退職所得控除・公的年金等控除 ・税負担が少なくなり、手取り増

それはさておき、改めてなぜｉＤｅＣｏが必要かといえば、もちろん前述のように**掛金を拠出する、運用する、そして給付（一時金・年金）を受け取るという3つの場面で税制のメリットがある**から。

実際にｉＤｅＣｏをいざ始めたら、毎月掛け金を納め60歳まで自分で運用します。そして60歳になったら、一時金で受け取る、あるいは、年金で一定の期間受け取る、あるいは、一時金と年金の両方を使って受け取るという、３つの方法のうち、自身に合ったものを選ぶことができます（金融機関によっては不可のところもあり）。

ここで、51ページの「高齢単身無職世帯の家計収支」を思い出してください。シングルの家計では、毎月3万6311円の赤字が生じていましたよね。

ただ、ここでちょっと待ってください。あなたが年金をもらえるようになる年齢は何歳ですか。

これまでは長きにわたり、定年を迎えた60歳から年金をもらうという時代が続きました。しかし、ご存じの通り、すでに年金の受給開始は65歳からになっています。

ということは、少なくとも60歳からの5年間、毎月の赤字の部分を何で埋め合わせるのか、考えなければいけないということなのです。そこで、ここではiDeCoを使うというケースを想定しました。

では、シミュレーションを始めてみましょう。

60歳からの年金とiDeCo

退職金は1500万円だとしましょう。

そして、もちろん個人型確定拠出年金のiDeCo（イデコ）に加入していることにします。

働くシングル女子が45歳のときにｉＤｅＣｏに加入し、毎月２万円を15年間拠出したとしましょう。**ｉＤｅＣｏは金利がほとんどつかない預金タイプではなく、成長が期待できる年利３％の投資信託で運用することにしたところ、60歳の時点で約４５４万円**になりました。

一方、年金額を決める基になる標準報酬月額は38万円で、この条件で年金額を計算すると、厚生年金と国民年金の合計で２０１万円です。

ここから税金などが差し引かれるので、まるまる生活費として使えるわけではありませんが、１つの目安としてください。

いまは65歳定年の時代ですが、第１章でも見たように現役時代の給料のまま65歳まで働ける例はまれです。多くの企業は継続雇用制度を導入し、60歳で区切りをつけて再雇用というかたちで65歳まで働ける制度にしているため、たいていの場合、会社に残っても60歳以降の年収は大きく下がるでしょう。

だとすると、**公的年金が受け取れる65歳までの5年間、貯蓄を取り崩さなければなりません**。仮に１年間で３００万円（月額25万円）を取り崩すと、５年間で１５００万円の支出になってしまいます。つまり、先ほど挙げた退職金を、すべて取り崩すことになるというわけです。

もっとも、これも第1章で見たように、体力も気力も充実している60歳でリタイアするのは「もったいない」の一言。60歳以降も、働き続ける道を選びたいものです。**仮に、60歳の時点でiDeCoで増やした454万円を70歳までの10年間2%で運用したとすると、約553万円**になります。

もちろん、**さらに働き続けると、貯蓄を取り崩す額をより減らすことができる**というわけです。

65歳からの年金とiDeCo

その後、あなたが65歳になったのを期にリタイアをすると、いよいよ年金生活が始まるとお考えでしょう。いや、そこでちょっと待ってください。

女性の寿命はまだまだ先があります。65歳の段階で、「どうしても年金をもらわなければ生活が……」という状況でなければ、次にご紹介する仕組みを使ってみてください。

その仕組みとは、**年金額を大きく増やす「老齢厚生年金の繰り下げ受給」**（66歳に達した日以後に、支給の繰下げの申し出ができる）**を使う**ということ。「ホントにそんなことが可能なの?」と、思った女子も多いかもしれません。しかし、これは誰でもすることができます。

実際、この仕組みを使うとどれくらい得するのか。実は、**5歳繰り下げて70歳から受け取ることにすると、年金額は約4割**（42%）**も増えるため、あなたの年金は201万円から約285万円にアップ!**

月額の比較では、17万円から24万円へと7万円も増えます。この7万円増額はうれしいですよね。

70歳からの収入は、前述したiDeCoの約553万円と、年金の繰り下げ受給分285万円を合わせて考えましょう。

70代はまだまだ元気なので、海外旅行だって楽しめそうです。

図2-9 年金をおトクにもらう方法がこれ！

～1年繰り下げると8.4％、最大5年で42％も増えます～

65歳から年金を100万円受け取れるとした場合の受給額比較
（網部分は年齢ごとの最大累計受給額）

単位：万円

受給開始年齢（受給率）	65歳（100％）	66歳（108.4％）	67歳（116.8％）	68歳（125.2％）	69歳（133.6％）	70歳（142％）
受給年齢 65歳	100	0				
66歳	200	108.4	0			
67歳	300	216.8	116.8	0		
68歳	400	325.2	233.6	125.2	0	
69歳	500	433.6	350.4	250.4	133.6	0
70歳	600	542	467.2	375.6	267.2	142
71歳	700	650.4	584	500.8	400.8	284
72歳	800	758.8	700.8	626	534.4	426
73歳	900	867.2	817.6	751.2	668	568
74歳	1000	975.6	934.4	876.4	801.6	710
75歳	1100	1084	1051.2	1001.6	935.2	852
76歳	1200	1192.4	1168	1126.8	1068.8	994
77歳	1300	1300.8	1284.8	1252	1202.4	1136
78歳	1400	1409.2	1401.6	1377.2	1336	1278
79歳	1500	1517.6	1518.4	1502.4	1469.6	1420
80歳	1600	1626	1635.2	1627.6	1603.2	1562
81歳	1700	1734.4	1752	1752.8	1736.8	1704
82歳	1800	1842.8	1868.8	1878	1870.4	1846
83歳	1900	1951.2	1985.6	2003.2	2004	1988
84歳	2000	2059.6	2102.4	2128.4	2137.6	2130
85歳	2100	2168	2219.2	2253.6	2271.2	2272
86歳	2200	2276.4	2336	2378.8	2404.8	2414

iDeCoを通じてあなたも投資家の仲間入り！

ここまでの話を整理しましょう。

年金は65歳から受け取ることができますが、繰り下げて受け取ることもできます。繰り下げ受給をすれば、年金額は増えます。先のシミュレーションのように、**5年間の繰り下げで確実に4割も増えるような仕組みの金融商品は、年金の繰り下げ受給のほかにありません**。

また、iDeCoを活用すると年金が増えることも、先に説明しました。ただし、iDeCoの掛け金には限度額があります。第1号被保険者は年81万6000円、第2号被保険者は年14万4000～27万6000円、第3号被保険者は年27万6000円です。いずれにせよ、**掛け金の全額が所得控除の対象となるため、所得税と住民税の節税効果があります**。

また、**iDeCoの運用は加入者自身で行います。「運用なんて面倒くさい！」な**

図2-10 iDeCoの税制優遇の所得控除の効果って？

課税所得	税率	企業型確定拠出年金・確定給付企業年金のある企業の会社員、公務員の控除額（上限の月1万2000円＝年14万4000円を掛けた場合）	主婦・主夫、企業型確定拠出年金、確定給付企業年金のない企業の会社員の控除額（上限の月2万3000円＝年27万6000円を掛けた場合）	個人事業主の控除額（上限の月6万8000円＝年81万6000円を掛けた場合）
195万円以下	15%	2万1600円	4万1400円	12万2400円
195万円超 330万円以下	20%	2万8800円	5万5200円	16万3200円
330万円超 695万円以下	30%	4万3200円	8万2800円	24万4800円
695万円超 900万円以下	33%	4万7520円	9万1080円	26万9280円
900万円超 1800万円以下	43%	6万1920円	11万8680円	35万880円
1800万円超 4000万円以下	50%	7万2000円	13万8000円	40万8000円
4000万円超	55%	7万9200円	15万1800円	44万8800円

どと考えてしまうかもしれませんが、実際にはiDeCoの申込みを行った金融機関（運営管理機関といいます）が、それぞれの商品ラインアップに並べている投資信託、定期預金などから、掛け金を運用したい商品を選び、組み合わせていけばいいのです。

選び方についてのポイントは次の項目で詳しく説明しますが、投資信託には安定的な成長が期待できるバランス型や、大きな成長が期待できる株式型などがあります。

ここで投資信託について少し説明しておきましょう。

投資信託、いわゆる**投信とは、たくさんの投資家から集めた資金をひとつにまとめ、さまざまな資産に投資をする金融商品**のこと。つまり、iDeCoを通じて投信を選ぶことで、あなたも「投資家の仲間入り！」ということになるわけです。

金融機関の商品ラインアップに並んでいる投信には、いろいろな種類があります。たとえば投資の対象が、株式なのか、債券なのか、不動産への投資を対象としたリート（REIT）なのか。あるいは同じ株式への投資でも、日本の株式に投資するのか、海外株式に投資するのかでもタイプが分かれます。

また最近では株式、債券、リートなど複数の資産に投資を行う投信も増えてきました。こうした商品のなかから、運用したい商品を1つ、あるいは複数選んでいくことになるわけです。

これらの商品は、最近の**預金金利が0％に近い預貯金と比べると、値上がりによる運用益が期待できる**一方、**運用環境が悪ければ元本割れが起こる**かもしれません。「元本割れ」などと聞くと「怖いからやめておこうかなぁ」と考えてしまうかもしれませんが、**20年、30年という長い期間で運用するため、目先の運用成績に一喜一憂する必要はないのが、投信の大きな特徴の1つ**です。また、**運用商品の入れ替えもできるので、自分のリスク許容度の増減や投資環境の変化に合ったものに乗り換えることも検討**しましょう。

いずれにせよ、iDeCoは有利な制度なので、できれば限度額いっぱいまで使いたいところ。ただし、注意点もあります。それは、原則60歳になるまで引き出しができないし、やめることもできないということ（休止はできます）。

もちろん、会社員の場合は給料も一定なので、できるだけ所得控除のメリットを享受するため、掛金上限まで利用したいものです。

投資信託の運用方法の2つの特徴とは？

このように、iDeCoは定年女子にとって非常にメリットの大きい制度といえますが、もし難しいと感じるとすれば、運用商品選びでしょうか。

商品の比較では少し注意が必要です。元本が確保されている預金や保険を選ぶのであれば大差はありませんが、投資信託を選ぶときは、慎重に検討しましょう。

先ほど、投資信託のタイプとして投資対象となる資産、投資対象地域の違いをお話ししましたが、さらに運用方法の違い、すなわちインデックス型とアクティブ型とに分けて検討してみましょう。

日本株式への投資を例にすると、**インデックス型**（パッシブ運用と呼ばれる）というのは、**ニュース番組などでよく聞く「日経平均株価」や東証株価指数の「TOPIX（トピックス）」といった、株価指数といわれるものと同じ値動きをすることを目指す投資信託**のことです。

日経平均株価と同じ値動きをする投資信託なら、日経平均株価が上がれば、投資信託の価額も上がりますが、下がればほぼ同じように下がってしまいます。あくまでも同じ値動きを目指しているので、株価が上がったときだけ連動して、下がったときはそのまま、というわけにはいきません。

一方、**アクティブ型とは、投資信託の運用会社**（のファンドマネジャー）**が自ら個々の**

株式銘柄を調査、分析することで、パッシブ型の運用とは異なり、株価指数を超える運用成績を積極的に目指す投資信託のことです。株価指数を超える運用成績を積極的に目指すことで、株価指数が下がっても、同じように下がるとは限りませんが、その反面、株価指数より運用成績が下回る可能性もあります。

では、パッシブ型の投資信託を選んだほうがいいのか、それともアクティブ型の投資信託を選んだほうがいいのか。どちらなのでしょうか。

先ほど触れた通り、パッシブ型の運用は株価指数などと同じ値動きをすることを目指す、すなわち市場平均を運用益として取りにいくファンドです。ですから、たとえば日経平均株価を算出するための対象となる日本を代表する企業の株、225銘柄（実際には、もっと少ない銘柄数で連動させられるので225種類とは限りません）を投信に組み込んでしまえば、投信に入ってくる資金の増減や日経株価指数の構成225銘柄の入れ替えによる売買などを除けば、**あまりコストをかけずに運用ができるため、投資信託の手数料にあたる運用管理費用が相対的に低くなっています**。

ところがアクティブ型の投資信託では、市場平均を上回る運用益を取りに行くなかで、株式市場あるいは個別の株式銘柄の調査にかかる費用などをまかなうため、**総じて運用管理費用がパッシブ型に比べて高くなる**傾向があります。

この運用管理費用は、投資家から集めた投資信託の残高に、一定の割合を掛けることで計算され、その分差し引かれます。残高に一定の割合を掛けるということは、投信の残高が大きくなればなるほど差し引かれる運用管理費用の〝実額〟もまた、大きくなるということ。

投資信託の運用、すなわちiDeCoを通じて資産がどれだけ増えたかは、最終的には、この運用管理費用という手数料を差し引いた後の残高がどれだけ増えたかということになります。ですから、この資産を増やす過程におけるコストにあたる運用管理費用が相対的に低い、**パッシブ型の投資信託を充実化させる金融機関も多く見られる**傾向にあります。

60歳まで長期にわたり、コツコツ積み立てながら資産を増やしていいわけですから、自身の性格や状況をよく考えながら、商品を選ぶようにしましょう。

iDeCoの投信には上手な選び方がある！

さて、いよいよiDeCoの商品ラインアップから具体的に投資信託を選んでみましょう。

この場合の**ポイントは分散投資**です。分散投資とは、その名のとおり、複数の資産に投資すること。この分散投資の効用を説いた格言に、**「すべての卵を1つの籠に盛るな」**というものがあります。

たとえば、**すべての投資資金を日本株に投資した場合、その後、日本の株価が大きく下がったら、当然、大きな損失を被る**可能性が出てくるわけです。

一方で、一般的に株価と債券価格は異なる値動きをするといわれているので、そのような**異なる値動きをする資産を少しずつ分けて持つ**というのも1つの手でしょう。

そうなると、**資産全体の値動きが一定程度に収まり、結果、収益（リターン）のブレが小さくなり、大きな損失を被る可能性を抑えられる**ことが期待できます。

つまり、卵をいくつかの籠に分けて置いておけば、籠の1つを落として卵を割ってしまっても残りの卵は無事、ということですね。

こうした分散投資は、iDeCoの申込みを行った金融機関の商品ラインアップのなかから複数の投資信託を選ぶことで実現できます。

おすすめとしては、

①日本の株式に投資するTOPIX型のインデックスファンド
②海外先進国の株式に分散投資したのと同様の効果が得られる「MSCIコクサイ」のようなインデックスファンド
③国内債券に投資するためのインデックスファンド
④海外債券に投資するためのインデックスファンド

という、この4本の組み合わせです。

なお、インデックスとは日経平均株価、TOPIXといった株価指数のように市場

図2-11 インデックスファンドの代表的な指数とは？

	株式	債券
日本	TOPIX（東証株価指数）など	野村債券指数など
外国	MSCIコクサイ・インデックス MSCIエマージング・マーケット・インデックスなど	世界国債インデックスなど

平均のモノサシであることから、インデックスファンドとは先ほどお話しした「パッシブ型の運用を行う投資信託（ファンド）」と考えていただいて問題ありません。

具体的な商品名は、利用する運営管理機関によって異なるので、①〜④に該当するものを探してください。どれも年金運用に向いたベーシックな投信なので、きっとご自身に合った商品が見つかるはずですよ。

では、掛け金を月2万円として、この4本をどのような配分で組み合わせるのがよいのでしょうか。

1つの考え方としては、4分の1ずつ均等に投資という方法が考えられます。

その一方、分散投資で大きな損失は避けたいものの、できることなら少しでも財産を増やしたいと考えるのであれば、債券に比べて値上がりが期待できる株式に、よりウエートを置いた配分という手もあるでしょう（もちろん、逆に値下がってしまう可能性もありますが……）。

あるいは、世界の経済成長による株価の上昇を期待する人は、同じ株式でも日本株式より、海外先進国株式への投資ウエートを高めた配分をしてもいいかもしれません。

ただし、こうした組み合わせは、時間がたつと、株価や債券価格などの変動により、バランスが変わってきます。その際、リバランス（決めていた割合に戻す）が必要です。そのままにしておくと、株価が暴落などしたときに、大きな損失を被る可能性があるからです。

リバランスは、年1~2回必要ですが、難しく、かつ面倒でしょう。そこで、「できるだけ手間はかけたくない」という人におすすめなのが、この4資産をうまくバランスをとりながら運用する「バランス型」と呼ばれるパッケージファンドです。

ただし、こちらも選ぶ前に、「どこに投資しているのか」「指標は何なのか」「リー

図2-12 iDeCoでの投資先のまとめ

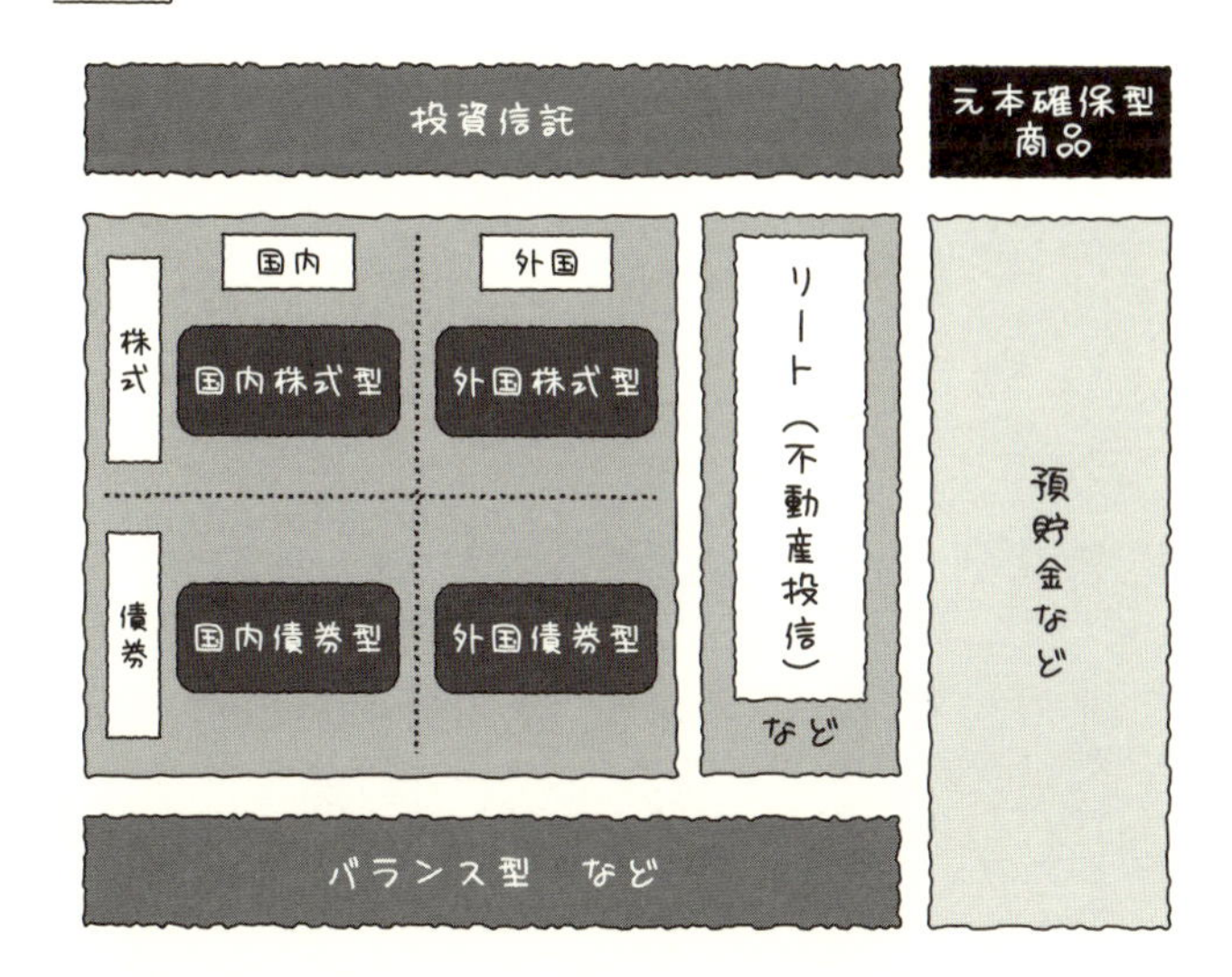

トは含まれているのか」といった点を確認すること。そして、十分に納得してから利用しましょう。

こういったバランス型のファンドは、いまお話ししたようなリバランスの手間をかけたくないという人のほか、「いや、そもそも最初にそれぞれのファンドにいくらずつ配分するのがいいのかわからない」「自分では、配分決められない」と考える人にもピッタリです。

とりわけ忙しく働くシングル女子にとっては、プロの運用会社が分散投資による安定した運用益を目指して各資産の構成比を決めた、パッケージ型のおまかせファンドは、投資の第一歩目に適したファンドともいえるでしょう。

ちなみに、こうしたパッケージ型のバランスファンドの場合、iDeCoを申し込む金融機関の商品ラインアップには、4つ以上の資産に分散しているものもあります。もちろん、実際にはいったいどのような資産に投資をしているのかなどといったことを調べてみることが必要ですが、これらの商品も分散投資の一種、大きな損失を避ける投資信託であると考えていいのではないかと思います。

iDeCoの手数料の確認を怠りなく！

なお**iDeCoは手数料がかかります。加入時にかかる手数料と、運用期間中にかかる口座管理料など**です（図2-13）。

加入時手数料に関しては、文字通り加入時に1回だけ国民年金基金連合会へ2777円を支払います。運営管理機関によっては、加入時手数料を徴収しないところもあります。

図2-13 教えて！ iDeCoの手数料

	新規加入時	運用期間中		
		収納手数料	事務委託手数料	口座管理料
支払先	国民年金基金連合会	国民年金基金連合会	事務委託先金融機関（信託銀行）	運営管理金融機関
値段	2,777円	月額103円	月額64円程度	月額無料～450円程度（運営機関により異なる）

運用期間中は、国民年金基金連合会へ月103円、事務委託先金融機関（連合会から委託を受けて個人別管理資産を管理する信託銀行）へ月64円を支払います。**運営管理機関によって、口座管理料を徴収するところもあれば、一定の残高以上であれば徴収しないところ、あるいはずっと無料というところもあります。**

さらに、投資信託を選んだ場合、前にも触れたように運用管理費用もかかります。**同じようなタイプの投信でも運用管理費用率は投信ごとに異なるので、その率が低い商品を多く用意している運営管理機関を選ぶのもいい**でしょう。

手数料は、個人別管理資産から自動的に控除されるため意識しづらいのですが、45歳で加入すると、15年間（20歳から加入すれば40年間）も負担することになるので、しっかりと比較検討してみてください。

手数料が0・5%ならば、0・5%×15年＝7・5%が、手数料の総額。それが1・5%となると、15年で22・5%もの手数料がかかってしまいます。

いずれにしても、**この7・5%や22・5%という手数料を上回る収益が上がらないと、iDeCoでの収支はマイナス**になってしまいます。ですから、運用管理費用率をよく確認しておきましょう。

さらに検討したいNISAのメリット、デメリット

一方、税制メリットを得られる方法として、もう1つ挙げられるのが「NISA（ニーサ）」と呼ばれる「少額投資非課税制度」です。その名の通り、**NISAで運用した株式や投信から得られた利益が非課税になるという仕組み**になっています。

年間の非課税枠は120万円。非課税期間は5年間なので最大600万円の枠が利用できます。こちらはいつでも解約ができるので、iDeCoを含む年金とは別の貯

図2-14 NISAの概要と仕組みを確認しましょう！

●概要

利用できる人	日本国内に住む20歳以上の人
非課税対象	上場株式や株式投資信託などの配当金、売買益など
口座開設	1人1口座（1年間で）
非課税投資額	新規投資額で毎年120万円を上限とする（5年間で600万円、未使用枠は翌年以降繰り越しできない）
非課税期間	最長5年間（期間終了後、新たな非課税枠への移行継続保有できる、途中引き出しいつでも可）
口座開設可能期間	10年間（2014年から2023年）
長所	1. 値上がり益、配当金、分配金が非課税 2. 最長10年間活用できる 3. いつでも売却できる
短所	1. 1人、一金融機関のみ 2. 一度売却すると、非課税枠の再利用ができない 3. 損をした場合は、損益通算（他の投資との損失と利益の合算）ができない

●仕組み

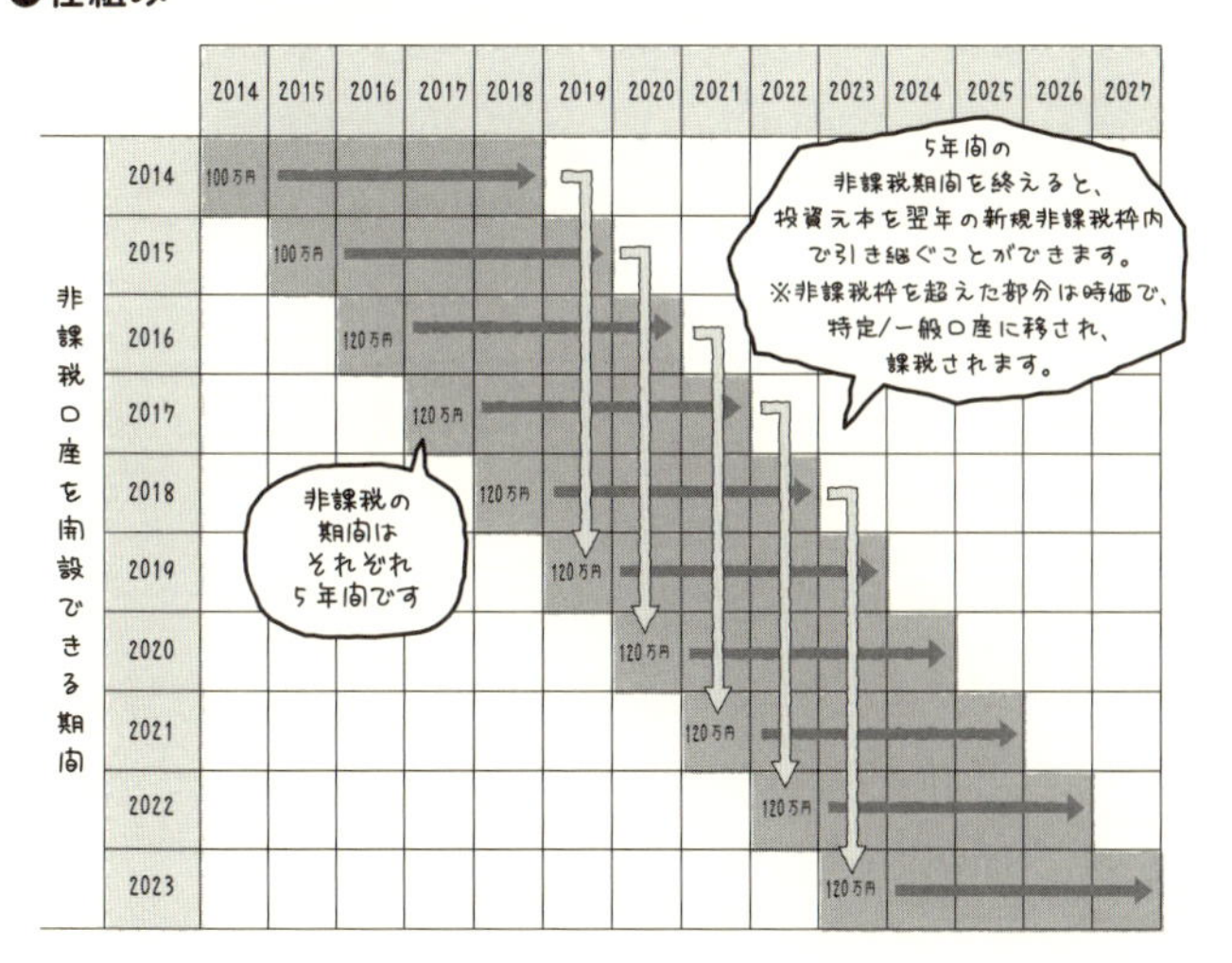

蓄手段として利用するといいでしょう。

よく混同されるのですが、ＮＩＳＡはｉＤｅＣｏのような年金だけを目的とした制度ではありません。

ただし、ＮＩＳＡ枠に組み入れた上場株式（私たちが証券会社を通じて買える株と考えてください。有名企業の株の多くは上場株式です）やＥＴＦ（上場投信。株式と同じように証券取引所に上場されていて、時価で売買ができます）、投信といった金融商品の売買益・配当金などが非課税になるところは一緒です。

具体的には、**一般の証券口座（課税口座）で株式や投資信託などを購入すると、配当（分配金）や売却益には20％（復興特別所得税を除く）の税金が課せられますが、上限120万円のＮＩＳＡ枠内で購入すると非課税**になります。

非課税のメリットの詳細も見てみましょう。

仮に**投信を売って10万円の利益を得たとすると、課税口座では20％相当の税金を差し引かれて約8万円に減ってしまいます。ところが、ＮＩＳＡ枠で買っておけばまるまる10万円を手にすることができる**わけです。

先ほど触れた**120万円という年間投資枠は、iDeCoで使い切れなかった老後資金予算を振り替える枠としては十分**でしょう。しかも**iDeCoとは違って、いつでも枠内の商品を換金できるし、いつでもやめることも可能**なのです。

現時点で、**NISAの使い勝手がよくない点は、非課税で運用できる期間が5年と短いところと、口座を開設できる期間が2023年までに限られているところ**。ただ、NISAの期間については金融庁が中心となって延長を検討しているそうなので、いずれ発表があるかもしれません。

また、**たとえば2017年に作ったNISA枠が投資に使えるのは17年中に限られているのも、ちょっとマイナス**かもしれません。つまり、17年は100万円しか使っていないから、18年は未使用の分20万円を振り替えて140万円とすることができないのです。あくまで1年の枠の上限は120万円となります。

もっとも、非課税期間が5年ということは、2017年の枠は2021年まで非課税で運用できるということ。そして、2021年になったら売却益が非課税になるという特典を使って年内に売るか、22年に作る枠に120万円を上限に移管する方法が選べます。

知らないと損するNISA枠商品売却の注意点

ここまで、NISAのメリットである利益が非課税になるということと、1年間の投資枠に120万円という上限があり、枠を余らせても翌年に振り替えることはできない点、非課税期間が5年間という使い勝手に関する注意点を紹介してきました。

ほかにもNISAには、細々としたチェックポイントがあります。とくにNISAの枠で購入した商品の売却に関することですので、少し説明が難しくなりますが、ぜひ理解しておいてください。このチェックポイントは、後で取り上げる「つみたてNISA」にも当てはまります。

まず、**1年あたり120万円の非課税の投資枠は再利用ができない**ということ。たとえば**ある年の1月、NISA枠を使って投信を100万円分購入（投資）したとします。それを5月に売却すると、枠はもとの120万円に戻りそうに思えますが、実**

は戻りません。その年に使える枠は120万円－100万円＝20万円になります。

では次の例はどうでしょう。

1月に購入した投信の運用が好調で、時価（投信の今の価額）が120万円になりました。では残りの20万円の枠はどうなるのでしょうか。

答えは、**120万円の枠はあくまで投資した金額の上限なので20万円の枠は残る、**となります。

また、証券会社にＮＩＳＡ口座と、一般口座や特定口座（ＮＩＳＡ枠外で投資をする際に使う口座のこと）を持っていて、どちらの口座でも投資をしている人にとっては、**「損益通算」や「損失の繰越」ができないところもデメリット**と感じるでしょう。

「損益通算」とは、A株やA投信の利益とB株やB投信の損失を通算（差し引き）するということ。たとえば単純化していうと、Ａ株の利益が10万円、Ｂ株の損失が10万円なら損益は差し引きゼロとなるため、税金がかかりません。もちろん、通算してもなお利益が残れば税金がかかります。

逆に通算して損失だけが残ったら、それを翌年に繰り越して、翌年の利益と相殺す

ることができます。これが「損失の繰越」です。一般口座や特定口座を使っての取り引きならば、損失は3年間繰り越すことができます。

ところがNISA枠の株式や投信から生じた損失は、一般口座や特定口座の株式や投信から生じた利益と損益通算をすることができません。反対に、NISA枠の利益を一般口座や特定口座の損失と通算することもできません。

また、NISA枠の損失を繰り越すこともできません。なぜなら、**NISA口座で生じた利益も損失も、「ない」ものと見なされる**からです。**利益を得ても「ない」ものと見なされるので課税されないし、損をしても「ない」と見なされるので損益通算ができない**というわけです。

さらにNISAの最大のデメリットは、NISA枠で購入した株式や投信が値下がりしたときに感じられるでしょう。

NISAの手痛い例

Aさんは、NISA枠を使い1年目に投信を100万円分購入しました。すると、予想に反して値下がりしてしまい時価は90万円に。ここでは売らずに、値上がりを期待して保有し続けます。

ところが2年目に入っても下がり続け80万円に。3年目70万円、4年目60万円、5年目はとうとう半分の50万円になってしまいました。

1年目に作った非課税枠はここで終わりですが、この際の選択肢は次のように3つあります。

①売却する
②次のNISA口座へ移す
③一般口座や特定口座へ移す

①の売却を選ぶと50万円の損失が確定します。

②を選ぶと、次のNISA口座は残りの枠は120万円－50万円＝70万円に減りますが、また最長5年間、非課税枠で運用ができます。

③を選ぶと、利益は非課税にはなりませんが、原則として期限を区切ることなく運

用ができます。

そこでAさんは、③を選んで時価50万円まで下がった投信を持ち続けたところ、ついに100万円へ戻ったので急ぎ売却しました。

ところが、これで損失を解消できて一安心……というわけにはいきません。先にNISA口座で生じた利益も損失も「ない」ものと見なされる、というお話をしましたよね。

そのため、**50万円の損失も「ない」ことになってしまった**のです。しかも、時価50万円の投信から50万円の利益を得たと見なされて、利益分の50万円が課税対象とされてしまいました。

税率は20%（復興特別所得税を除く）のため、10万円が税金として徴収されます。このように、Aさんは儲けるどころか税金を支払うはめに。結局、損をすることになってしまいましたが、NISAの仕組み上、どうしようもありません。

いずれにせよ、NISAは2023年に作った枠が2027年まで使えるというところで終了する予定ですが、先ほどもお話したように、延長される可能性は十分にあります。報道などを折を見てチェックしてみてください。

働く女子は2018年から始まる「つみたてNISA」にも要注目！

NISAについていろいろと説明してきましたが、「現状のNISAの5年という非課税期間では、老後の備えにするにはちょっと短すぎるのでは……」と感じた勘の鋭い方もいることでしょう。確かに、老後の備えのためにNISAを使うにしても、積立ができないと、5年間の非課税期間終了後にそのお金をどうすればいいのか、困ってしまいます。

そこで注目したいのが、**2018年1月からスタートする「つみたてNISA」**です（図2-15）。

NISAと同じく、毎年の非課税投資枠から得た利益や投信などの分配金にかかる税金はゼロですが、NISAとは異なる点があります。

図2-15 2018年から始まる「つみたてNISA」をいち早くチェック！

非課税投資枠の特徴とは？

年間投資上限額40万円、非課税保有期間20年間、
投資可能期間：2018〜2037（20年間）

投資対象商品とは？

長期の積立・分散投資に適した一定の投資信託など

投資方法とは？

契約に基づく、定期かつ継続的な方法による買付け

現行NISAとの関係とは？

現行NISAと選択して適用可能

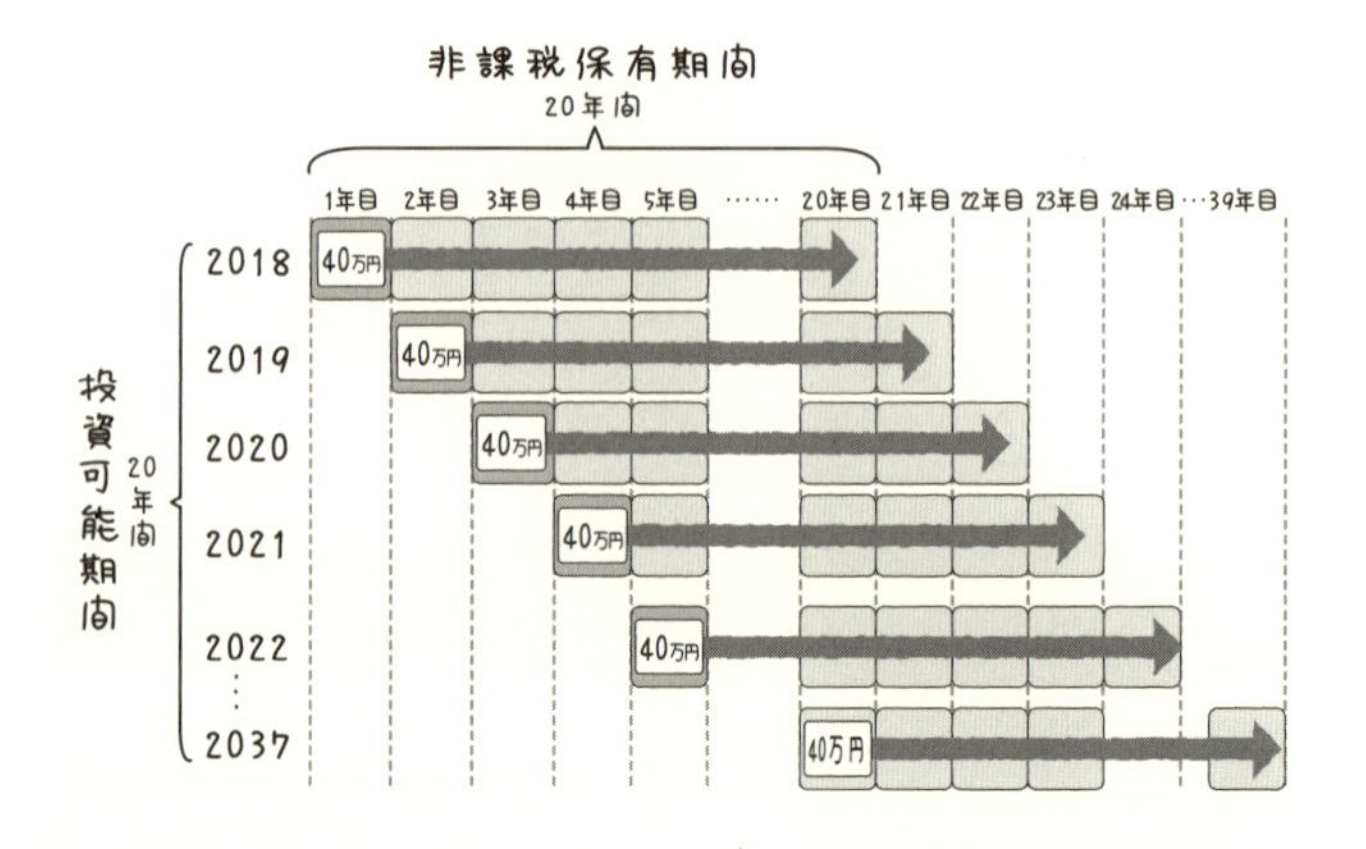

図2-16 NISAとつみたてNISAの違いをまとめてみた！

		NISA	つみたてNISA
税制優遇	拠出時	ー	ー
	運用時	非課税（5年間）	非課税（20年間）
	受取時	ー	ー
投資対象		上場株式 投資信託など	一部の投資信託や ETF
加入資格		その年の1月1日時点で20歳以上の居住者	その年の1月1日時点で20歳以上の居住者
限度額（年額）		120万円	40万円
途中引出		いつでも可	いつでも可

まず、買いつけできるのは、積立の商品に限られていることです。現行のＮＩＳＡでは、毎月自分自身で投信などを同じ額だけ買いつける積立もできれば、一括買いもできます。ただし、その期間は5年に限られているのは説明した通りです。

ところが、**つみたてＮＩＳＡの投資期間は最長20年**。その間、積立定期預金の感覚で、投信などが買えるのです。また、**口座開設期間は２０３７年まで**。最長20年ですから、定年後を見すえた働く女子にとっては、この点まったくデメリットになりませんね。

さらに図2-15、図2-16を見てください。

「つみたてＮＩＳＡ」の内容をまとめ、さらに「一般のＮＩＳＡ」と比較しました。すでに説明した事柄も含まれますが、大切なことなので、復習のつもりで読んでください。

まず商品の買いつけ方です。つみたてＮＩＳＡはその名の通り、積立方式に限られます。積立金額を毎月1万円と決めたら、積立てた商品を売却したり、つみたてＮＩＳＡ口座を解約するまで、最長で20年間、積立を続けることができます（投資を始めた年を含めて20年後の12月末まで。もし２０１８年に積立を始めた場合、19年は2年目になります）。

一方、一般のＮＩＳＡ口座では、上限の１２０万円の範囲内であれば、いつでも好きなときに買うことができます。１年に１回だけでもいいし、ボーナス月の6月と12月だけという買い方もできます。

また証券会社によっては積立でも買うことができますが、最長5年間に限られます。老後の資金をためる目的なら、積立期間20年のつみたてＮＩＳＡのほうが適していますね。

つみたてＮＩＳＡの非課税投資枠は年間40万円まで。月々の積立金額の上限は３万

3000円が目安です。

また、**つみたてNISAの対象商品は一部の投資信託やETFに限定**されます。株式などは買えません。

さらに投信には一定の要件があります。要件には「共通要件」と呼ばれるものと、「投資信託の区分ごとの要件」の2つがあり、両方の要件を満たしたものが対象投信となります。

共通要件は次の通りです。

①信託期間が無期限または20年以上のもの

信託期間とは投信を運用する会社が定めた「投信を運用する期間」のこと。つみたてNISAの積立期間は最長20年なので、それを上回る信託期間が必要なわけです。

②分配金の頻度が1カ月以下の期間で設定されていないこと

分配金とは、投信運用会社が投信を運用して得た利益を、購入者（投資家）に分配するお金のこと。その分配金が毎月受け取れるタイプの「毎月分配型投信」が人気ですが、つみたてＮＩＳＡの要件には当てはまらないということです。将来の資金をためる目的であれば、分配金も元本に組み込むほうが、お金はより大きく育ちます。

③デリバティブ取引による運用が行われていないこと

デリバティブ取引とは、リスクの高い複雑で高度な運用手法のことです。大きな成長が望める代わりに、大きな損失を被る可能性もあります。一般の投資家には理解が難しいため認められていません。ただし、リスクに対応するためのヘッジ目的の場合を除きます。

④投資家に運用管理費用等の概算値が通知されること

⑤金融庁に「つみたてＮＩＳＡ」の対象商品として届出をしていること

このほかに、投資信託の区分ごとの要件があります。図2-17にあるように、とても細かく決められているため、大事なところだけ取り上げます。

まず手数料のところ。

購入時の手数料（**販売手数料**）**は、投信は0円、ETF**（**上場株式投信**）**は1・25％以下**となっています。手数料が0円なら、投資資金をまるまる投信の購入にあてることができます。これがもし3％（よくある手数料率です）だとしたら、3万円が差し引かれて97万円からのスタートになってしまいます。

運用管理費用は保有期間中に徴収される手数料です。新たに請求されるのではなく、信託財産（運用しているお金）のなかから差し引かれるため、あまり気がつきにくいのですが、**投資家にとっては低いほどいいのは当然**ですよね。そこで、日経平均株価やTOPIX（東証株価指数）のような株価指数などに連動するインデックス型の投信では、0・5％以下に抑えられています。

このほか、その年に使用しなかった非課税投資枠を翌年に繰り越すことはできない、非課税枠の再利用はできない、新規投資額が対象となるため、現在保有している株式

図2-17 つみたてNISAの対象商品の要件とは？

<table>
<tr><th colspan="3"></th><th>金融庁への届出（※1）</th><th>対象指数</th><th>売買手数料（税抜）</th><th>運用管理費用（税抜）</th><th>運用管理費用等の実額通知</th><th>その他</th></tr>
<tr><td rowspan="4">公募株式投資信託
※投資の対象資産に株式を含む</td><td rowspan="2">（1）
指定インデックス投資信託</td><td>1.
国内資産を対象とするもの</td><td rowspan="4">必要</td><td rowspan="2">指定</td><td rowspan="4">ノーロード
（※2）</td><td>0.5%以下</td><td rowspan="4">必要</td><td rowspan="2">―</td></tr>
<tr><td>2.
海外資産を対象とするもの</td><td>0.75%以下</td></tr>
<tr><td rowspan="2">（2）
指定インデックス投資信託以外の投資信託</td><td>1.
国内資産を対象とするもの</td><td rowspan="2">―</td><td>1%以下</td><td rowspan="2">・純資産額50億円以上
・信託開始以降5年経過
・信託期間の2/3で資金流入超</td></tr>
<tr><td>2.
海外資産を対象とするもの</td><td>1.5%以下</td></tr>
<tr><td rowspan="2">上場株式投資信託（ETF）
※株式指数のみを対象としている</td><td colspan="2">国内取引所のETF</td><td rowspan="2">必要</td><td rowspan="2">指定</td><td rowspan="2">1.25%以下
（※3）</td><td rowspan="2">0.25%以下</td><td rowspan="2">必要</td><td>・円滑な流通のための措置が講じられているとして取引所が指定するもの
・最低取引単位1,000円以下（るいとう）</td></tr>
<tr><td colspan="2">外国取引所のETF</td><td>・資産残高1兆円以上
・最低取引単位1,000円以下（るいとう）</td></tr>
</table>

※1　平成29年10月1日から届出開始
※2　解約手数料（信託財産留保額を除く）、口座管理料についてもゼロ
※3　口座管理料についてもゼロ

や投資信託をつみたてNISA口座に移すことはできないという点は、一般のNISA口座と同じです。

なお、つみたてNISAと一般NISAの併用はできないため、初めてNISAを利用する人は、どちらかを選ぶことになります。すでに一般のNISAを始めていて、つみたてNISAに切り替えたいという場合は、取引先の金融機関で所定の手続きが必要です。

このように、細かく見ていくとその内容は複雑なため、詳細は取引をする金融機関に問い合わせるか、ウェブサイトで確認してみてください。

いずれにせよ、**気をつけるべき点はiDeCoの「60歳まで解約ができない」のような"シバリ"がNISAにはないこと**。

「お給料が下がって苦しいからやめたい」「たまったお金を使いたい」……。

そんな誘惑にかられるかもしれませんが、賢明な働く女子の方々は、あくまで老後の生活を第一によくよく考えたうえで、それでも続けるか否かを決める。これが肝心なこと、肝に銘じておいてくださいね。

この章のまとめ❷

年金、iDeCo、NISAの10大原則

1. 「老後資金1億円」には支出の減少が含まれていない！
2. 働く女子の年金は、やや厳しい可能性があるので要チェック！
3. 働く女子にとってiDeCoはもはや当たり前！
4. 年金は70歳からの繰り下げ受給が絶対におトク！
5. iDeCoの投資はバランスに注意！
6. 知らぬ間の手数料が手痛いリスクになるので、金融機関をよく吟味して選ぶ！
7. NISAとiDeCoには、それぞれメリット・デメリットがある！
8. NISAは運用管理費用などの細かい支出も計算に入れる！
9. つみたてNISAは老後の資産作りにピッタリ！
10. NISAは「解約できる」からこそ、“安易な解約”をしないよう要注意！

第3章

働く女子の前に立ちふさがる、保険と介護のここに注意！

医療保険のCMをうのみにしてはいけません！

働く女子にとっても誰にとっても、老後の不安の1つとなるのが健康ですよね。酷使している体は、年を重ねるにつれて不調を訴えるようになります。

もっとも、これはある程度は仕方ないことなので、せめて、お金の心配をしないようにしたいものです。そのためにも、**病気やけがをしたときの備えを、改めて万全にしておきましょう**。ただし、ここでの**「万全に」とは公的制度を知ることと、病気やけがに備えたお金を確保しておくということ**。

ところが、「その2つだけでは不安だから、民間の医療保険に入ったほうがいいのでは」と、考えている人も多いと思います。実際、休みの日の昼間にテレビをつけると、「持病があっても入れます」というシニア向け医療保険のCMがたくさん流れていて、不安になることもあるでしょう。

しかし、いま40代から50代の定年女子予備軍のみなさんがシニア世代になったとき、果たして新たに医療保険に加入する必要があるのでしょうか。

結論から言いますね。

45歳働くシングル女子には、医療保険は不要です。その理由は健康保険に代表される公的な制度が充実しているから。それにある程度、蓄えもあることでしょう。

加えて言えば、**生命保険（死亡保険）も不要。**これから加入を検討している人は、保険料分を貯蓄に回してください。

それでは、保険が不要な理由として挙げた「公的な制度が充実している」という話から始めましょう。

多くの人が医療保険の加入を検討する理由は、病気やけがの医療費が高額になったときの備えとしてではないでしょうか。会社で加入する健康保険や自分で加入する国民健康保険では、医療費の一部を支払う一部負担金の割合は3割で、70歳〜74歳が2割です。そのため、風邪や腹痛程度の受診であれば、窓口で支払う医療費は2000円前後で済むしょう。

その一方で、「内臓疾患で3カ月の入院に！」なんていうことになったら、医療費はいったいいくらになるのか……。この辺が不安ですよね。

全日本病院協会「疾病別の主な指標2013年1-3月」という資料によると、胃がんの平均医療費は97万5060円でした。健康保険を使うと3割負担になるので、窓口での支払いは29万2520円です（10円未満を四捨五入）。

およそ30万円の負担で命が助かるのなら安いものですが、家計に大きな影響を与えることも、また事実でしょう。

働く女子が知っておきたい「高額療養費制度」

ところが**健康保険や国民健康保険には、病院などの医療機関や薬局の窓口で支払った1カ月（月初から月末まで）の自己負担額（入院時の食費負担や差額ベッド代などは含まない）が一定額を超えると、その超えた金額分が支給される「高額療養費制度」があります。**

ご存じでしたか。

あくまで同一月の計算になるので、胃がんの医療費の29万2520円はもちろん、

図3-1 高額療養費制度をしっかりと把握しよう！

高額療養費支給の流れ（入院と外来は別々に計算）

同じ人・同じ月・同じ医療機関 → 医療費が一定額を超える → 高額療養費の支給

所得区分	自己負担限度額	多数該当※
①標準報酬月額83万円以上	252,600円＋（総医療費－842,000円）×1％	140,100円
②標準報酬月額53万～79万円	167,400円＋（総医療費－558,000円）×1％	93,000円
③標準報酬月額28万～50万円	80,100円＋（総医療費－267,000円）×1％	44,400円
④標準報酬月額26万円以下	57,600円	44,400円
⑤低所得者	35,400円	24,600円

※直近12カ月で高額療養費として3カ月以上払い戻しを受けた場合、4カ月目から自己負担限度額が引き下げられます

同じ月にかかった他の病気の医療費も加算することができます。また同じ健康保険に加入する同世帯の他の人の分も自己負担額が2万1000円以上だと、そこに含めることができるのです。

計算式は70歳未満の一般的な収入の人の場合、

8万100円＋（**総医療費－26万7000円**）**×1％**

となります（図3-1）。

乳がんの場合を見てみましょう。生命保険文化センターのデータです（図3-2）。

図3-2　乳がんで25日間入院したらいくらかかる？

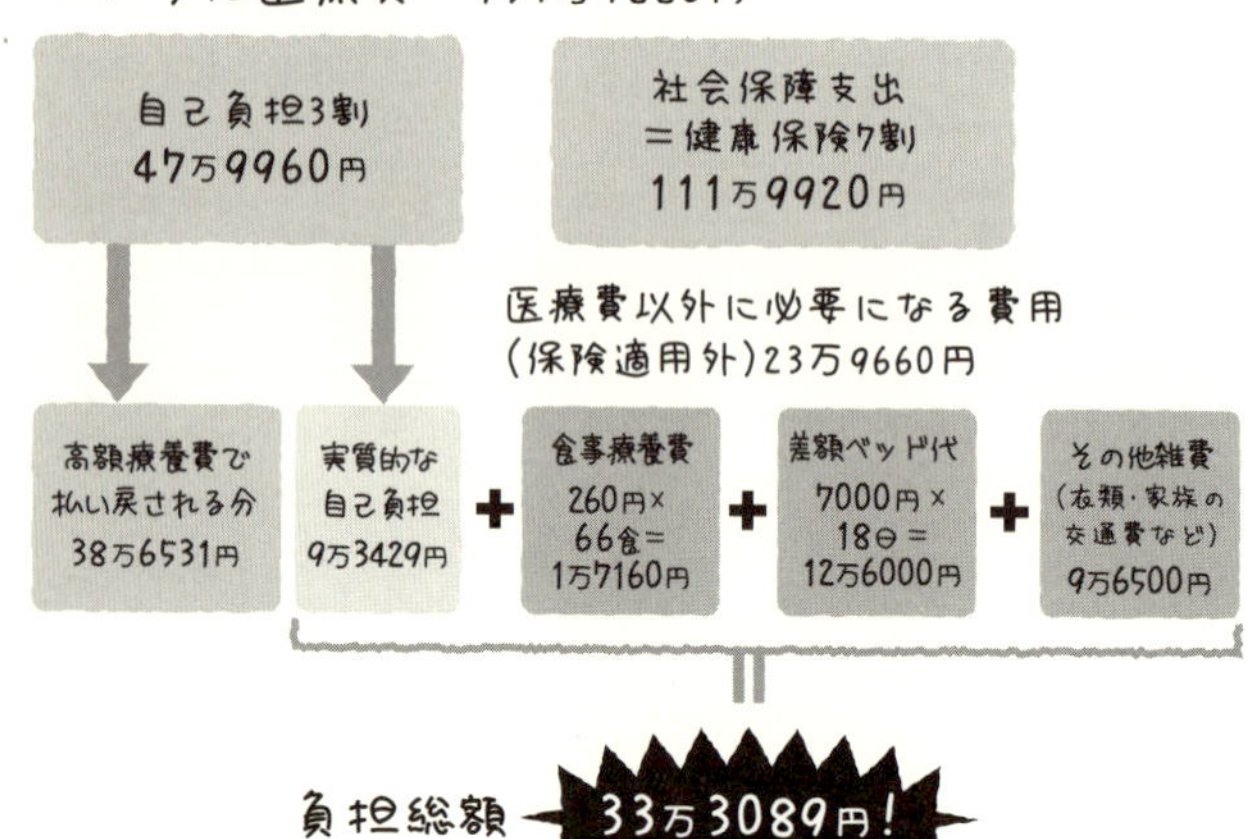

これによると、25日間入院した場合、総医療費は約160万円となっています。

計算式に当てはめると

8万100円＋（159万9880円―26万7000円）×1%

となり、負担の上限額は9万3429円です。

その他、医療費以外にかかる費用が約24万円ですね。乳がんとしては長めの25日入院の例であることで、差額ベッド代などが影響しています。

ただし、加入する健康保険に高額療養

費を申請すると、支給まで受診した月から2、3カ月程度の時間がかかります。

それでは一時的とはいえ負担が大きいので、**入院に限らず、通院でも治療費が高額になりそうな場合は、加入する健康保険に「限度額適用認定証」を申請しましょう。認定証と保険証を医療機関等の窓口に提示すれば、1カ月の支払いが自己負担限度額まで抑えることができます。**

乳がんの医療費の例として、「一般的な収入」として計算しましたが、毎月の負担の上限額は加入者の所得水準によって分けられています（図3-1）。

「一般的な収入」とは、年収約370万～約770万円（健保では標準報酬月額28万円以上53万円未満、国保では年間所得210万円超600万円以下）に当てはまる人のこと。

年収約770万～約1160万円（健保53万円以上83万円未満、国保600万円超901万円以下）では、

16万7400円＋（医療費－55万8000円）×1％

年収約１１６０万円以上（健保83万円以上、国保９０１万円超）では、

25万２６００円＋（**医療費—84万２０００円**）×**１％**

という計算式になります。

ただし、**２０１７年８月から高額療養費制度では、70歳以上75歳未満の一般所得者の自己負担限度額が変わりました**。具体的には、年収156万円から約370万円が外来個人ごとで１万４０００円（年間上限は14万４０００円）、年収約370万円以上は５万７６００円です。

入院と外来の世帯ごとの限度額は、年収約370万円未満は５万７６００円、年収約370万円以上の場合は「８万１００円＋（総医療費－26万７０００円）×１％」です。

さらに、**２０１８年８月から上限額は上がります**。

75歳以上の後期高齢者医療制度の負担も70歳以上75歳未満と同じですが、医療機関等から提出された診療情報を基に計算して通知が来るため、事前に高額療養費の申請

をする必要はありません。

差額ベッドや先進医療のためなら医療保険も意味あり？

いずれにしても、このような公的制度を活用すれば、医療保険は不要となるのがおわかりではないでしょうか。

モデルとしては、**高額療養費制度の自己負担分や雑費などを考慮して、医療用の預貯金として100万円程度を確保しておけば、ほとんどのケースで対応できます。**

100万円は高額に思えるかもしれませんが、医療保険に加入し、月払い保険料1万円を8年間払い続ければ、それだけで96万円です（45歳女性、入院給付金日額5000円、通院プランあり、60歳払済タイプの一般的な保険料）。

ただし前にも少し触れたように、高額療養費制度では、たとえば差額ベッド代や先進医療の治療費などは認められません。

医療保険に利用価値があるとすれば、こうしたアメニティの部分でしょう。

差額ベッドとは、病院では「特別療養環境室」や「有料病室」と呼ばれている個室や2人部屋、4人部屋の病室のこと。定義としては病室のベッドの数が4床以下、病室の面積は1人当たり6・4㎡以上であること。また、病床のプライバシーを確保するための設備があること。さらに、個人用の私物の収納設備や照明などが用意されていることが条件となります。

差額ベッド料はベッドの数や設備によって異なりますが、1日あたり数千円から十数万円になることも。**差額ベッド代が1日あたり7000円とすると、1カ月入院した場合、21万円を超える負担**になってしまうわけです。

また、先進医療とは特定の大学病院などで研究されている新しい治療や手術のこと。実績が重ねられて医療技術が確立されると、公的医療保険の対象となる可能性もあります。

厚生労働省によると**先進医療は2017年9月1日現在で105種類あり、その費用は患者が全額自己負担**することになります。ただし、先進医療の一環として行われる、診察・検査・投薬・入院料などの通常の治療と共通する部分の費用は、一般の保険診療の対象になります。

たとえば、先進医療を受けて総医療費が100万円かかったケースを見てみましょう。**内訳が先進医療費用20万円、通常の治療と共通する費用80万円となると、20万円が患者負担、残りの80万円のうち、7割にあたる56万円が健康保険から給付され、3割にあたる24万円が患者負担となり合計で44万円**となります。

ただし、**24万円については高額療養費制度が適用されるので、一般的な収入の人は8万5430円が実際の負担額となり、合計で28万5430円を負担**することになります。また、先進医療と同じ保険外併用療養として、2016年4月から、患者の希望に応じて未承認薬の使用などを可能とする「患者申出療養」も始まりましたが、実施された件数は2017年5月現在で2例しかありません。

差額ベッド代や先進医療の負担を大きく感じたり、あるいは十分な蓄えがなかったりする場合などは、医療保険に加入して備えようという考えもアリでしょう。

また、「うちはがん家系だから……」という人も安心かもしれません。**「大腸がん」「乳がん」「前立腺がん」の3つは遺伝リスクが高い**といわれているので、**肉親がこれら**

のがんにかかったり、がんで亡くなって不安を感じている人は、がん保険への加入を検討するといいでしょう。

昔入った保険を思い出してみると……

繰り返しになりますが、生命保険も医療保険も、働くシングル女子にとっては基本的に不要です。ところが、生命保険に加入している人の割合は、男女ともに8割という高い加入率になっています。

そこで、「いまさら保険は不要といわれても、もう入っているし」というあなたのために、生命保険と医療保険の実態を解説していきましょう。

生命保険文化センターの2016年度「生活保障に関する調査」によると、先ほどお話したように**生命保険に加入している人は、男性では80・6%、女性では81・3%**となっています。

いまほどセキュリティが厳しくない時代は、昼休みに保険の勧誘員が職場内に入ってきては、多くの社員に加入の勧誘をしたものでした。あなたが若手社員だったころ、勧誘員にアメを渡されて「保険に入ってね」と頼まれた経験はありませんか。その当時に加入した保険は、もう保障内容すら覚えていないのではないでしょうか。

そこでこの先、できれば保険証書を手元に置いて読んでいただくと、よりわかりやすいかと思います（もちろん、「それすらどこだか……」という人も、そのまま読み進めていただいてかまいません！）。

話は少し細かくなりますが、まず保険の仕組みから見ていきましょう。

保険には大きく分けて3つのタイプがあります。万が一のときに、遺族が生活に困らないように死亡保障を目的に加入する生命（死亡）保険。大きな病気やけがで入院したり手術をしたときに、その医療費などをカバーするために加入する医療保険。そして、子どもの教育費や老後の生活費のために貯蓄を兼ねて加入する学資保険や養老保険といった保険です。

「どんな保険に入っているの？」という場合、多くは死亡保障を目的とした生命保険を指すので、まずそこから話を進めましょう。

「預貯金は三角で保険は四角」だからこそ考えるべきこと

では、なぜ人は生命保険に加入するのでしょう。銀行の預金では、ダメなのでしょうか。その理由は**「預貯金は三角（△）で保険は四角（□）」という言葉**に端的に表れています。

図3-3を見てください。

預貯金は毎月コツコツとためていくもの。あなたが社会人になってから毎月2万円ずつ積み立てているとしたら、1年間で24万円たまります。2年で48万円、3年で72万円……。たまり方の図を描くと、図3-3の上部分のように直角三角形になりますね。

次に保険です。

1000万円の生命保険に加入し、毎月2万円の保険料を払っていたとします。2年目に入ったとき、不幸にも対象となる人が死亡したら、支払った保険金はわずかなのに、保険金として1000万円受け取れます。ただし、保険金は満期まで1000

図3-3 「預貯金」と「保険」の意味合いを確認！

「預貯金は三角」とは？
➡少しずつの積み立てが、やがて大きなリターンを生む！
（もちろん「消費」の誘惑に負けないことが前提ですが……）

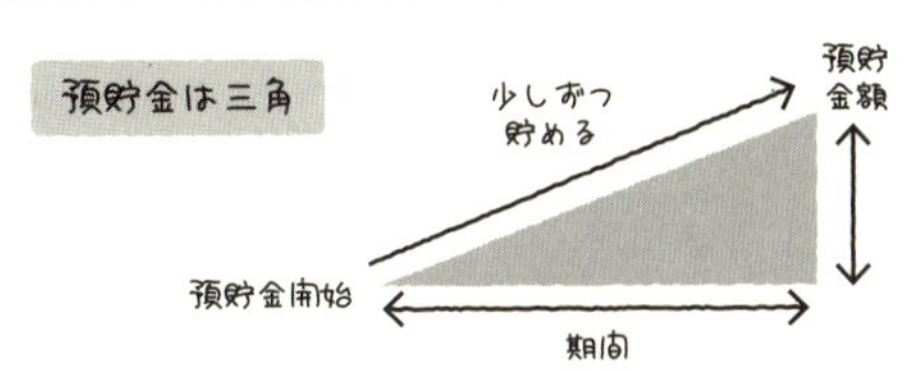

「保険は四角」とは？
➡入ったその日から、満額をもらえることも！
（もちろん不幸と引き換えなので、素直に喜べませんが……）

万円で変わりません。つまり図で表すと、図3-3の下部分のように長方形になりますね。

このことから「預貯金は三角で保険は四角」と言うわけです。

どちらかだけというのではなく、**家庭の環境や置かれた立場によって、この2つを上手に組み合わせることが大切なのですが、シングル女子（男子も）の場合と家庭がある場合では、当然事情が変わります。**

生命保険に加入して、被保険者は夫、保険金の受取人を妻にする必要がある一般的なケースは、子どもが生まれたばかりで、稼ぎ手である夫に万が一のことがあると、残された妻と子どもは路頭に迷ってしまい、教育費も心配だといった家庭です。

若い間は預貯金も少ないので、蓄えを取り崩してしのぐということもできません。ですから、保険の加入期間にかかわらず、必要な分の保険金が受け取れる「四角」の生命保険が有効というわけです。

さて、ここで考えてみてください。

シングルであろうがなかろうが、生命保険に加入してから亡くなってしまった場合、当たり前ですが、保険金を受け取るのはあなた以外の人です。保険の契約をする際に、保険の代理店の人から「保険金の受取人は配偶者および2親等以内の血族（祖父母、父母、兄弟姉妹、子、孫など）の範囲で指定してください」と指示されたはずなので、おそらく父母が受け取ることになるでしょう。

しかし、そのような保険に加入する必要は本当にあるのでしょうか？

答えは、もうおわかりでほう。繰り返しになりますが、シングル女子が新たに生命保険に加入する必要はないのです。すでに加入しているシングル女子は、死亡保障が本当に必要なのか、いま一度見直してみてください。

医療特約はもはや〝賞味期限切れ〟

次に医療保険について。

病気やけがで入院したり手術をすると、あらかじめ決められた保険金が受け取れるというのが医療保険の仕組みです。

「入院や手術が必要です」と医師に説明されれば、医療費が高額になることは想像できます。高額療養費制度があることを、すでに知っているあなたは動揺しないでしょう。しかし、それを知らなければ、「預貯金では足りないかもしれない。どうしよう。医療保険に加入しておけばよかった」と後悔するかもしれませんね。

でも、ちょっと待ってください。すでに生命保険に加入している人の場合、医療費が保険でカバーできる可能性があります。

というのも、**少し前までは、医療費を保険でカバーする場合、生命保険に医療特約**

（オプション）として入院や手術の保障（医療保障）**をつけるという方法が一般的だった**からです。

先ほど、「すでに生命保険に加入しているシングル女子は、死亡保障が本当に必要なのかという視点から見直してください」とお話ししました。死亡保障をなくすと、特約である医療の保障もなくなるので、その点は注意していただきたいのですが、ただし、「だから続けましょう」と言いたいのでもありません。

医療特約の内容が、格段に医療技術が進歩した現在の状況に本当に合っているのかどうか、という視点から見直してほしいということなのです。

たとえば女性にも増えている「尿路結石」。

昔は「開腹術」で治療が行われていたので、保険金の支給の対象も「開腹術」ですが、今は「超音波」の衝撃で破砕する治療に変わっています。ところがこれは、昔の保険の支給対象外が多いようです。つまり、そのような保険が本当にいま必要なのか、という視点が重要だということ。

新しい医療保険は、健康保険すべての手術に対応しています。

しかし、これから先を考えると、終身の医療保険に関しては、医療技術の進歩による保障内容の陳腐化、あるいは日本経済がインフレになった場合、準備しておいた金額では治療が受けられない、つまり実質的に損をするリスクがあることも知っておきたいところです。

また、保障内容にもよりますが、入院日数が長くなった場合、医療保険には支払限度日数がありますから、その日数を超えた分は、給付金が支払われません。

とにかく「働く女子に医療保険は必要なし」ということは、ここまでお伝えしてきた通りです。では、医療保険がそれでも必要な状況というのは、どのような場合なのでしょうか。考えられるのは、次の3つくらいしかないのではないかと思います。

①入院が長期間におよび、医療費が支払えなくなる場合

②医療費を支払うために貯蓄を取り崩さなければならなくなり、将来の生活に大きな影響が出る場合

③「入院する事態などを考えると、心配でたまらない」「医療保険に入ることで精

神的に安心が得られる」と感じられる場合

さて、働くシングル女子のみなさんは、このいずれかに当てはまるのでしょうか。よく考えてみましょう。

世の中に保険商品があふれている理由とは?

それにしてもなぜ、生命保険の医療特約と医療保険という2つの選択肢ができたのでしょう。

ずいぶん前の話になりますが、こんな裏事情がありました。

保険は以前、生命保険の「第一分野」、損害保険の「第二分野」に分けられていました。**当初は、医療保険やがん保険は存在しなかった**のです。その後、1970年代に政策的に創設されたのが第一、第二分野に入らない医療保険やがん保険といった「第三分野」で、外国の保険会社が長らく独占して販売していました。

70年代、80年代は日米貿易摩擦が過熱して、日本がさまざま分野でアメリカから市場開放を求められていた時代でしたが、バブルが崩壊すると風向きがガラリと変わり、第三分野を開放するよう今度は日本の保険会社が国に求めたのです。

その結果、保険業が改正され、２００１年に第三分野保険市場が完全自由化され、生命保険会社、損害保険会社、保険事業者（かんぽ生命、ＪＡ共済、全労済など）からなる、国内のすべての保険会社が医療保険等を販売できるようになりました。それから、皆さんが迷うくらいの商品が世の中に流通するようになったのです。

医療保険の主な種類を次に挙げましょう。

①終身医療保険

加入時の保険料が一定して変わらず、一生涯保障されるタイプ。解約すると、解約返戻金（へんれいきん）が戻ってくる。

②定期医療保険

保障が一定期間で、更新ごとに保険料が上がるタイプ。解約返戻金なし。

③女性向け医療保険
子宮がん、卵巣嚢腫など女性特有の病気になったときの給付金が、一般的な医療保険と比べて手厚いタイプ。終身保障型と一定期間のみ保障される定期保障型の2タイプある

④引受緩和型医療保険
保険加入時の条件が緩和されたタイプ

④の引受緩和型医療保険は、一般的な医療保険と比較して、保険に加入する条件（引受基準）が緩和されており、持病や既往症があっても入れるものですね。

こうした保険は、健康状態に不安がある方でも契約しやすいのですが、保険料は割高です。また、保障額が医療費に比べて低く抑えられていたり、自身が必要とする保障を十分に得られなかったりすることがありますので、契約内容をしっかりと理解しなければなりません。

また、同じく④のタイプは「限定告知型」「無選択型」などとも呼ばれます。

図3-4 がん保険と医療保険の違いとは？

がんで60日入院➡30日間の自宅療養→転移が見つかり80日間再入院した場合

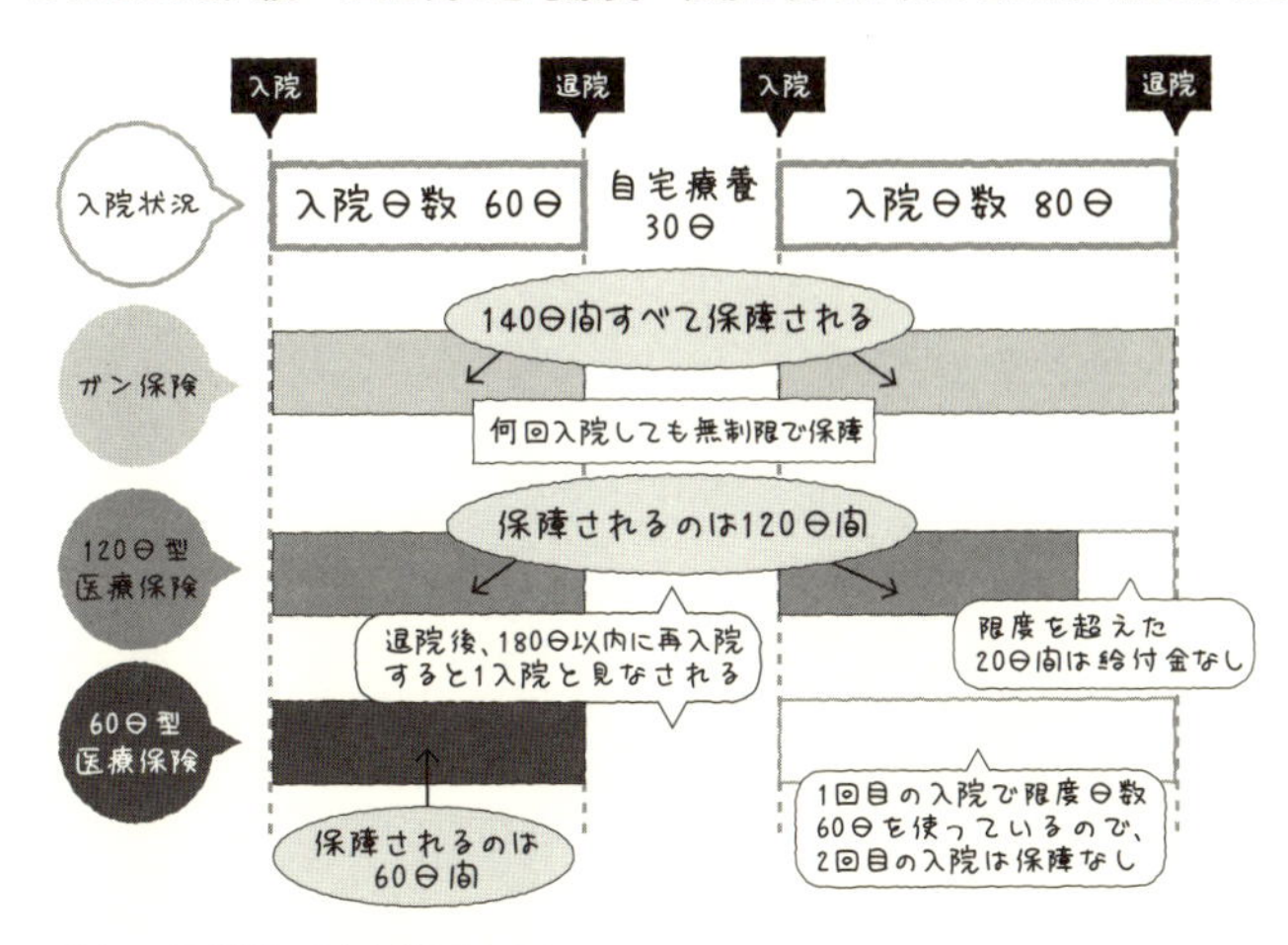

※現在120日型保険はほとんどありません。

限定告知型は保険に加入する際に健康状態など告知すべき項目が少ないもの。無選択型は医師の診査や告知書による告知なしで誰でも入れるタイプの医療保険です。

右に挙げた順に、加入へのハードルは低くなりますが、その分、保険料は割高になっていきます。

また、保険会社のホームページやパンフレットに、「○○医療保険は病気やけがをして入院すると、入院1日あたり5000円、手術1回あたり50万円の給付金が受け取れます」というようなことが書いてあるのを見たことがあるでしょう。

この給付金額は増額や減額もできますが、それに応じて支払う保険料も当然、増減します。いずれにしても、保障は通常は無制限ではなく、「1回の入院につき最高60日まで」というような条件がついているので注意が必要でしょう。

新たに保険に入ると保険料はどうなる？

さて、もう1つ、すでに医療保険に入ってしまっている人が陥りがちなことがあります。

保険会社のパンフレットを読むと、新旧の医療保険双方の内容が書いてあり、比べてみると「新○○」に加入したくなることも多いはず。しかし、ここですぐ前のめりにならずに、一呼吸置いてください。

新しいタイプに引かれたあなた。旧型に加入してから、いったい何年が過ぎていますか。**忘れてはならないのが、医療保険は加入時の年齢が満期まで適用されるという**

こと。ですから、加入時から時間がたっていればいるほど、年齢も高くなっているわけですから、「新○○」の保険料も高くなっているはずです。

それでも、いまのあなたが、あえて「新○○」に加入する理由はあるのでしょうか？

一つの結論として述べておきたいのは、**すでに生命保険の医療特約や医療保険に加入している人は、いますぐ解約する必要こそありませんが、過剰な保障がついていないか、あるいは、加入した時点では必要だと思っていた保障が、いつの間にか不要になっていないか、といった視点で見直したほうがいい**ということです。

その反対に、**がん保険などは、古い契約内容のもののままだと、給付金も少なく、かつ長期入院でないとなかなか受け取れない、あるいは現在の治療方法と保障内容がマッチしていないといったことも……**。

ですから、がん保険に関しては、新しい商品のほうが使いやすいことも多いといえるでしょう。ただし、もちろん若いときよりも保険料は高くなりますが。

45歳働く女子のための保険のシミュレーション

ここまで、とりわけ働くシングル女子は医療保険に入らなくてもまったく問題ないということを、さまざまな視点から述べてきました。

それでも、

「周りは皆入っているのに、自分だけ入らないのは不安……」

「親も入っているし、お金をためるのが苦手だから……」

「本当は入りたくないけど、知り合いから勧誘されているので、いつまでも断り続けるのも悪いし……」

というように、仕方なくでも加入していたほうが、何かと面倒なことが避けられる、という結論を下す人もいるでしょう。

その場合でも、**1つだけ避けてほしいタイプの保険商品があります。それは、保険料を生涯支払う「終身払い」というもの。**

保険期間が終身の医療保険には、保険料を60歳や65歳くらいまでに払い終える「有期払い」タイプと、終身（一生）払う「終身払い」タイプとがあります。そこで、両者の保険料の差がどのくらいになるのか試算してみましょう。

45歳からの保険料試算

45歳女性が、ある医療保険に入院給付金日額5000円、入院給付金支払限度額60日という条件で申し込んだとします。保険料は、60歳で払い終える60歳払い済タイプが月8480円、終身払いタイプは月3230円です。

月8480円と月3230円では、後者のほうがお財布にやさしい感じがして、思わずそちらを選びたくなってしまいますね。

60歳払い済タイプは、満60歳の誕生日の後に迎える「年単位の契約応当日」（契約日と同一の月日のこと）から保険料負担がなくなります。ここでは45歳から60歳までの15年間（180カ月）として計算すると、**保険料の総額は152万6400円**になりました。

一方、**終身払いでは60歳までに払う保険料の総額は58万1400円と低く、60歳払い済と同じ保険料の総額になるのは84歳になったあたり**です。

これよりも長生きをすれば60歳払い済タイプのほうが得をしたことになるのですが、ここで**注目すべきは損得よりも、定年を迎えて収入が年金だけになってもなお、月3230円を払い続ける負担**のほう。

老後に発生する固定費は、なるべく抑えたいところ。ですから、ずっと保険に加入し続けるのであれば終身払いは避けたほうがいいでしょう。

ただ、「貯蓄がある程度たまったら保険はやめよう」「別の保険に乗り換えようかな」といったような考えをお持ちなら、終身払いがおすすめです。払い済みタイプより保険料が安く済みますから。

病気やけがで会社を休んだ場合、頼りになる「傷病手当金」

この章の前半で、病気やけがに対する公的な保障として高額療養費制度を紹介しました。しかし、ほかにも頼りになるさまざまな公的保障があります。

たとえば、**会社員として働く45歳シングル女子に知ってほしいのが、「傷病手当金」**

図3-5 「傷病手当金」は療養中の大切な生活費！

療養のため働けず給与が受けられないとき、欠勤4日目から1年6カ月間、1日あたりの給料（標準報酬日額）の2/3が健康保険から支給されます！

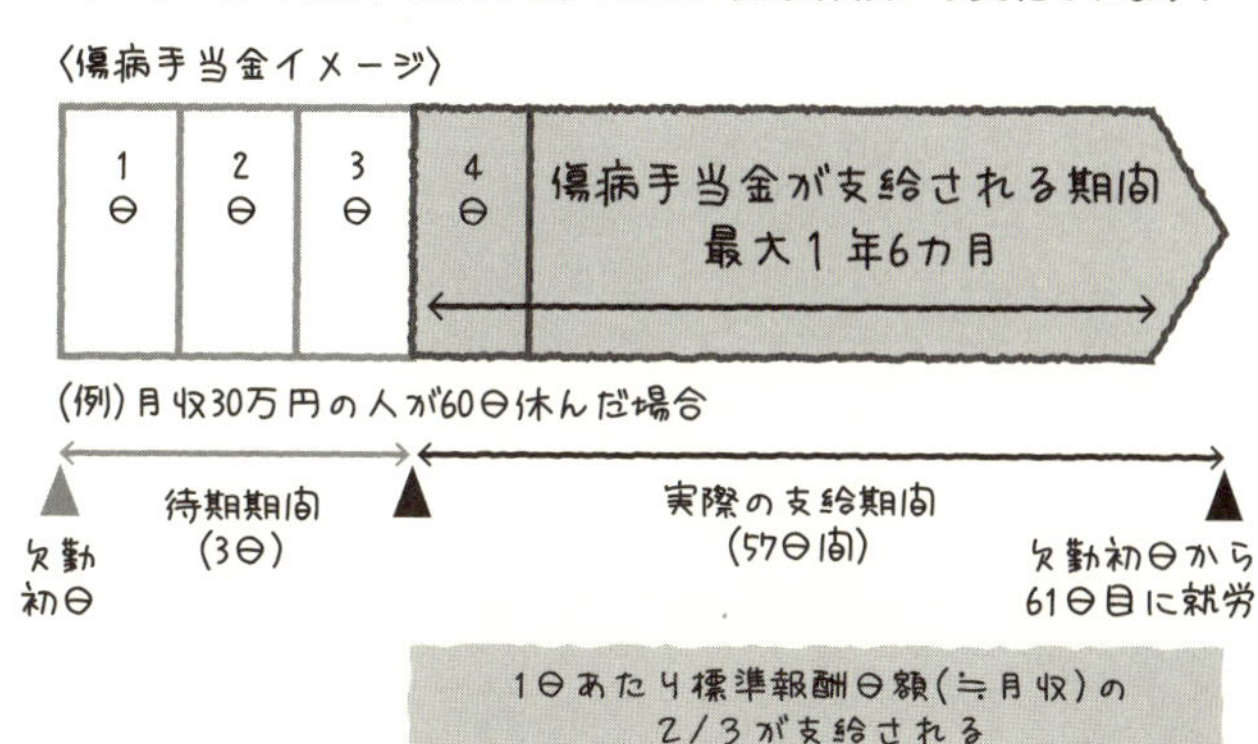

30万円÷30日＝1万 ……標準報酬日額

1万円×2/3×57日（療養した日数60日－待期期間3日）＝約38万円

※協会けんぽ加入者の例。健康保険組合の場合、各組合で異なります。国民健康保険の場合、ありません

という制度。**健康保険**（会社の健康保険組合や全国健康保険協会）**に加入している人が、病気やけがで会社を休むと支給されるお金のこと**です。

60歳を超えた定年女子も再就職したり、契約社員やパートなどで働いていて健康保険に加入していれば、傷病手当金の申請ができます。

支給の条件は、業務外の病気やけがであること。仕事中に起こった業務災害、通勤途中の通勤災害、仕事が原因の病気などは労災保険の給付対象です。それ以外の病気やけがが傷病手当金の対象となります。ただし、美容整形のような病気と見なされないものは、当たり前のことですが支給の対象外です。

傷病手当金の支給対象は、療養のため仕事を休んだ日から連続して3日間の待期期間の後、4日目以降の仕事に就けなかった日となります。ただし、4日目以降であっても給与が支払われている間は、傷病手当金の対象にはなりません。

もっとも、**給与の額が傷病手当金の額よりも少ない場合は、その差額が支給されます**。支給期間は、支給開始した日から最長1年6カ月間で、その間の出勤した日も含みます。

傷病手当金がいくらになるのか気になりますね。ちょっと細かい数字が並びますが、いちいち覚える必要はありません。おおよその雰囲気をつかんでいただければ。

傷病手当金の額は、1日につき被保険者の標準報酬日額の3分の2に相当する額（1円未満四捨五入）です。標準報酬日額とは、支給開始日の以前の継続した12カ月間の各月の標準報酬月額を平均した額の30分の1のこと。

標準報酬月額が30万円の人なら、標準報酬日額は1万円。傷病手当金は日額の3分の2なので、6666円ですね。なお、健康保険組合のなかには、月額2万円というところもあります。

身近なところで意外に役立つ「労災」

さて、先ほど傷病手当金の対象は、労災保険の給付対象になる病気やけがを除くというお話をしました。実は、この「労災」も働く女子の強い味方になるということ、ご存知でしたか。

労災というと、長時間労働によるうつや、最悪の事態となる過労死のような、シビアな事件にからんだ裁判沙汰の場合にのみ登場する、一般の人とはちょっと無縁のことと思われているかもしれません。しかし実際は、非常に身近でもっと活用されてもいい制度といえるでしょう。

そもそも、**労災とは「労働災害」を略したもの。仕事中(業務災害)や通勤(通勤災害)が原因で病気やけがになったときは、業務中、通勤途上であれば「労働災害」と認め**

られて、国の労災保険制度から保険金の支給を受けることができるのです。

会社は従業員を1人でも雇っていたら、労災保険（労働者災害補償保険）に加入して保険料を支払う義務があります。従業員は、保険料の負担はありません。

一例として、仕事中のけがのほうが比較的わかりやすいと思います。

たとえば、百貨店で働いている人が商品の在庫を取りにいったとき、階段から足を滑らせて転倒、骨折した。あるいは、工場で働いていて機械に手を挟まれたというような場合、業務中のけがであることが明らかなので、労災保険の対象となります。業務で社用車を運転中、交通事故に巻き込まれたといったケースも労災の対象です。

では、病気の場合はどうでしょうか。

くも膜下出血や脳梗塞、心筋梗塞のような脳・心臓疾患は、加齢や生活習慣などが原因になることが多いのですが、過重労働によって症状が加速されて発症することもあります。ですから、もし**過労が発症の有力な原因になったと認定されれば、労災補償の対象になる**わけです。過労などが原因でうつなどの精神疾患を発症したケースも、労災補償を請求できます。

厚生労働省のまとめでは、**2016年度に精神疾患を発症して労災請求した数は1586件となり過去最高**でした。ニュースでも過労問題が盛んに報道されましたよね。

また、先ほども触れたように、通勤途中に事故に巻き込まれてけがをしたというようなケースは「通勤災害」に当てはまります。では、寄り道した場合はどうなるのでしょうか。

たとえば、**帰宅途中で日用品を買うためにスーパーへ寄った。職業訓練の学校へ行った。病院に立ち寄って受診した……。こういった〝寄り道〟は、労災の原則として自宅と会社の往復の経路上で起こったものが対象となるので問題ありません。**

ところが、**帰りに映画を観に行った。あるいは、居酒屋に立ち寄った……。こういうケースで事故等にあっても労災認定されません。**

なぜなら、通勤の経路を大きく離れた寄り道は、通勤途中とは見なされないからです（図3-6）。

労災保険制度による給付には、次のようなものがあります。

図3-6 労災をまるっと理解しちゃおう！

1.労災の対象と分類とは?

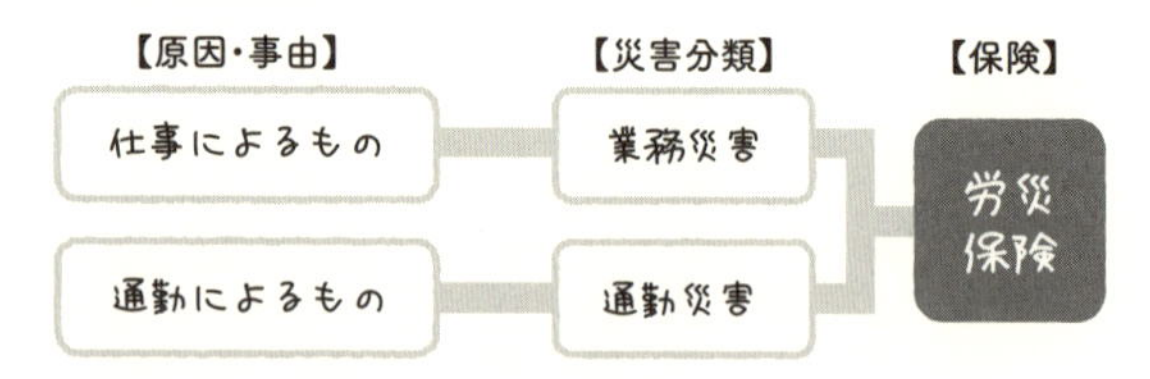

2.寄り道中にケガをしたらどうなる?

1.合理的な通勤経路からはずれたら?

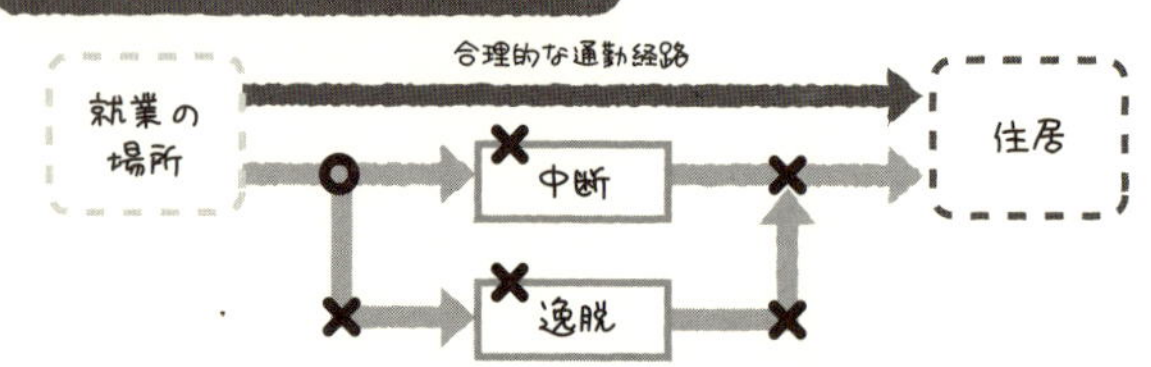

○通勤として認められるもの　✖通勤として認められないもの

中断とは?	通勤経路上において、通勤とは関係のない行為を行うこと 例：ゲームセンターで遊ぶ、映画を観るetc.
逸脱とは?	通勤の途中、仕事や通勤と関係ない目的で経路を離れること 例：花見も兼ねて遠回りする、興味本位で新しい路線に乗るetc.

2.日常生活上必要な行為のために、合理的な通勤経路からはずれたら?

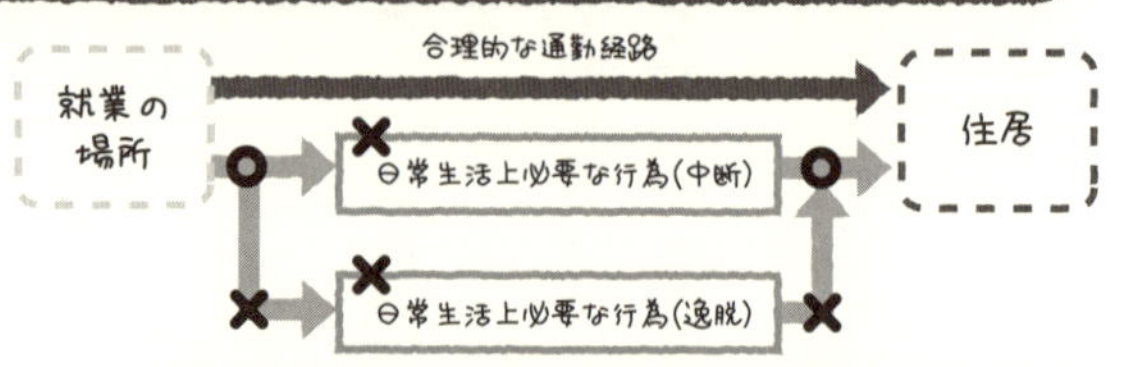

○通勤として認められるもの　✖通勤として認められないもの

日常生活上必要な行為とは?	日用品の購入／職業訓練を受けるために学校に行く／選挙の投票に行く／病院や治療院で治療を受ける／要介護状態の配偶者や父母、孫、祖父母などの介護etc.

- **治療を受けた際の「療養給付」**（療養や療養費用の給付）
- **働けなくなって賃金が受け取れない際の「休業給付」**
- **療養が始まって1年6カ月がたっても治らず、障害の程度が傷病等級に該当する際の「傷病年金」**
- **治ったものの障害が残った際の「障害給付」**
- **介護を受けた際の「介護給付」**
- **死亡した際の「遺族給付」「葬祭料」**

このように、とても広範囲にわたった補償が受けられるので、**業務中や通勤中の病気やけがは遠慮なく会社に労災の相談をしてください**。健康保険の給付より、手厚い内容になっているのですから。

大けが、大病に対するもう1つの備えとは？

ここまで、思わぬ病気やけがに対して、さまざまな公的な保障が受けられることを、お話してきました。

129ページの医療保険の保険料の試算で、45歳から60歳までの15年間で総額152万6400円が必要だと説明しましたよね。この**保険料分、あるいは、それが無理でも当座の費用100万円が「救急用口座」にすでにあるのであれば、万が一不足が生じたとしても、こうした公的な制度で穴埋めすることができる**のが、おわかりになったのではないでしょうか。

だからこそ、「医療保険など無理に入る必要はなし」ということを、繰り返し述べてきたわけです。

第2章では年金保険のうち、65歳から受け取れる老齢年金の話をしました。老齢年金は老後の生活費のベースとなりますが、ほかにも、条件次第で次のような年金が受け取り可能です。

それは、**所定の障害等級に認定された場合に受け取れる「障害年金」（会社員なら障害基礎年金と障害厚生年金）**です。

そこで保険の話の最後として、障害を負った方の保障である、この「障害年金」を紹介しましょう。

障害年金は、公的年金の給付の一種です。公的年金に加入している人（被保険者）が病気やけがをし、障害を負ってしまったときの保障となります。

いま、会社で働いているあなたが定年女子となった後、万が一のことが起きたとしても、老齢年金と障害年金という2つの年金が受け取れるので、保障はより厚くなるというわけです。

では、ここでいう「障害」とは、いったいどの程度のことを指すのでしょうか。その詳細は、「障害等級表」というものを見るとわかります。

右の太字の部分にある「所定の障害等級」とは、障害の程度に応じて重い順に1級、2級、3級、障害手当金（一時金）に分かれている等級のこと。障害年金の認定基準は、障害等級表で決まっています。

ただし、障害等級表には、たとえば「両眼が失明したもの」といったように詳しい障害の状態が載っていますが、傷病名はいっさい問われません。視覚障害や聴覚障害、肢体不自由などの障害はもちろん、がんや糖尿病、高血圧、呼吸器疾患などの疾患により長期療養が必要となり、仕事や日々の生活が制限されるようになった場合も含まれています。

では、障害年金の内訳を見ていきましょう。

障害基礎年金の概要

国民年金の被保険者である期間内に、障害の原因となった病気やけがの初診日が含まれており、かつ、障害の程度が障害等級表の1級か2級に当てはまると対象になります。

また、被保険者となる前（20歳未満）や、被保険者資格を失った後（60歳以上65歳未満）の人も含まれます。

初診日が20歳前の人は20歳に達したときが障害認定日となり、初診日が20歳以降の人は初診日から1年6カ月が経過したとき（その間に治った場合は治った日）が障害認定日となります。

60歳から65歳になるまでの間で申請した場合は、申請した時点が障害認定日となります。認定されないと障害年金は受け取れません。

障害厚生年金の概要

厚生年金の被保険者である間に、障害の原因となった病気やけがの初診日があれば支給されます。つまり、**厚生年金に加入している会社員時代が対象**になるというわけです。厚生年金は国民年金と同じ基準の1級と2級と、それより軽い3級・障害手当金があります。厚生年金の1級と2級では、障害基礎年金も合わせて支給されることになります。

障害手当金の概要

厚生年金の被保険者である間に、障害の原因となった病気やけがの初診日がある場合に一時金として支給されます。ただし、あくまで一時金で年金ではありません。3級よりも軽い障害が対象となります。

図3-7 「障害年金」の保障範囲は想像より広い

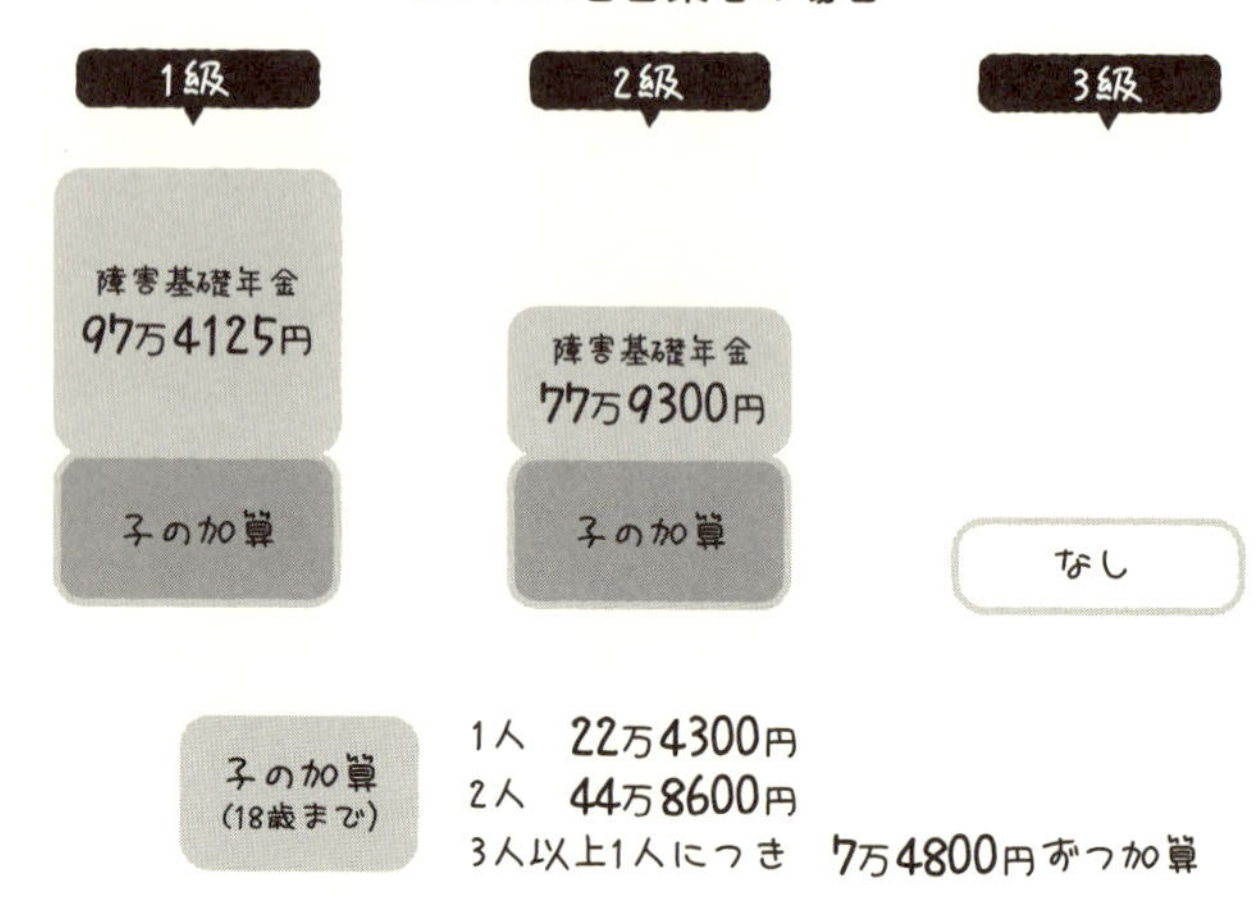

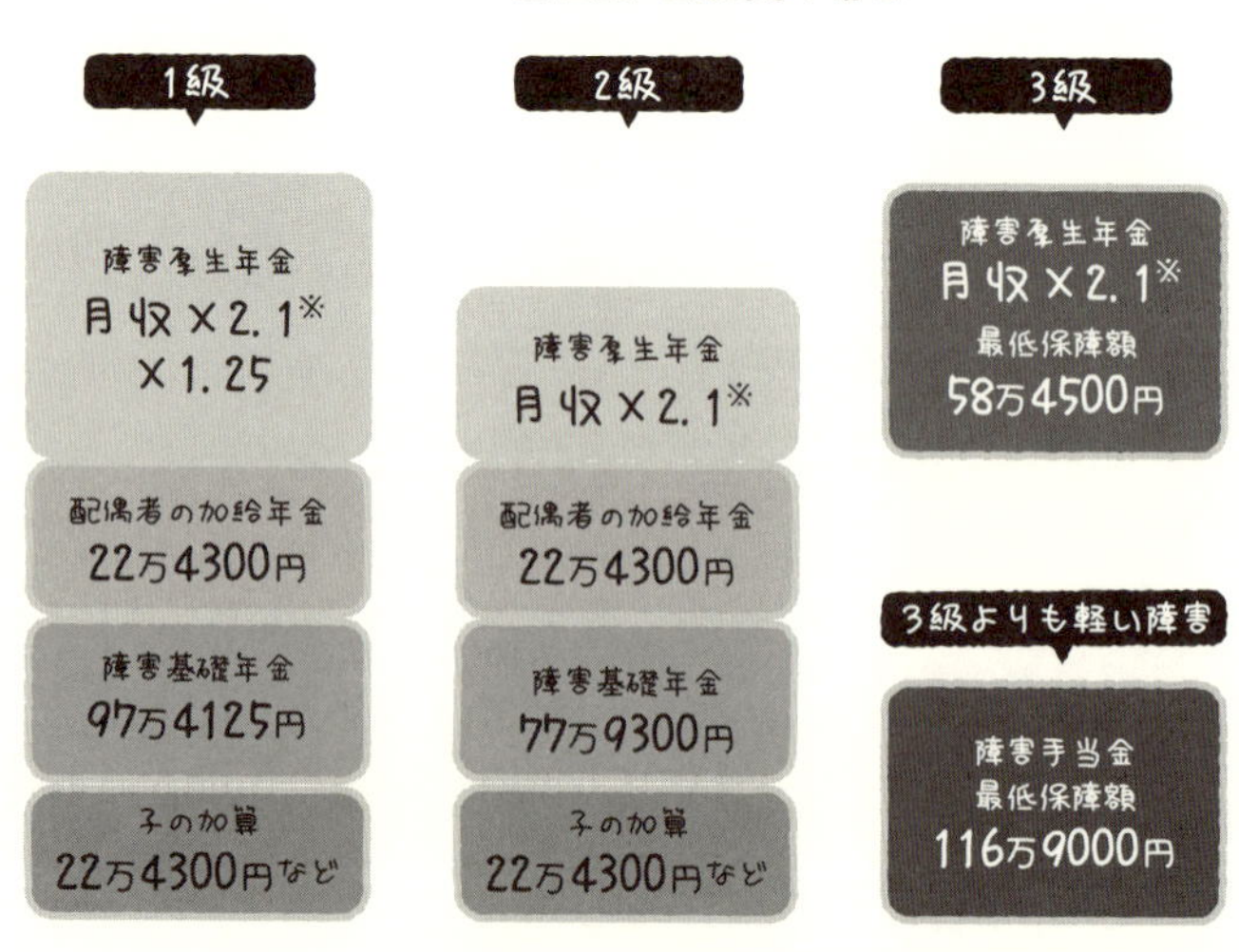

※7.125／1000×300月≒2.1

初診日から5年を経過するまでの間に症状が固定しており、その症状固定日から5年以内に請求しなければなりません。「症状固定」とはわかりにくい言葉ですが、症状が残っているものの、それ以上の治療を続けても改善効果が期待できない状態のこと。たとえば「むちうち」がだいぶ良くなったけれど、全快とまではいかず症状が一進一退を繰り返す状況を考えてみると、理解しやすいかもしれません。

このように、万が一の事態に使える公的なお金は、さまざまなものがあります。仕事が原因でケガをしたり、病気にかかったりした場合、まずは必ず社会保障の確認をしてください。

介護というヤマ場を働く女子はどう乗り越えられるのか？

さて、**働く女子にとってある意味〝自分ごと〟である保険とともに、もう1つ知っておきたい大切なことがあります。それが介護**です。

一般的に、**女性は3回介護を経験する可能性があります。実の親または義理の親、夫の介護、自分の介護で3回**です。働くシングル女子の場合は、義理の親を除く2回でしょうか。

ただ、誤解がないように先にお話しておきますが、介護は女性がすべきだということを言いたいのではありません。

働くシングル女子の親、とりわけ実の親の介護が必要となった場合、兄弟などでよっぽど頼れる人がいない限り、どうしても自分が主体的に動くことになるでしょう。ただし、**仕事を辞めて自宅介護に専念するというのは避けるべき**です。なぜなら、社会から一度離れたら、なかなか戻る、復職するのは難しいからです。

その点、働く女子は柔軟に対応したいもの。勤務先の仕事と介護の両立支援制度があれば積極的に利用して働き方を変えたり、介護保険サービスを利用したりすることで、仕事と介護を両立させるべきでしょう。

厚生労働省は介護離職を少なくするという観点から、次の5つのポイントの実践を勧めています。

①職場に「家族等の介護を行っている」ことを伝え、必要に応じて勤務先の「仕事と介護の両立支援制度を利用」する
②介護保険サービスを利用し、自分で「介護をしすぎない」
③ケアマネジャーに何でも相談する
④日ごろから「家族と良好な関係」を築く
⑤介護を深刻にとらえすぎずに、「自分の時間を確保」する

そして**介護は「1人で抱え込まない」ことが何より重要**と結んでいます。

家庭があれば、義理の親の介護も、直接間接にかかわることがあるでしょう。寿命の順番からいって、夫の介護もあり得る話です。

ただ、**介護のツラいところは、子育てと違って、3年後、5年後がイメージできないところ**。よく「介護地獄」と呼ばれますよね。介護と仕事の両立をいつまで続けるのかということとともに、やはり**金銭面での負担に関して先行きが見えないのが、ツ**

ラさの原因となるのでしょう。

そこでここでは、少しでも負担が減るような、介護に関する公的な支援について紹介していきます。

2018年、さらに変わる介護保険

親や自分自身が介護状態になったときでも、やはり、役に立つのが公的な介護保険制度です。

あなたが毎月保険料を支払っている介護保険とは、介護の負担を社会全体で支え合うという社会保障制度のこと。そのため、**40歳以上の人は必ず加入**することになっているのです。年金保険と違い、ある年齢に達したら掛け金を納めなくていいということはありません。

65歳以上の人を第1号被保険者、40～64歳の人を第2号被保険者と定め、介護保険料は第1号では市町村ごとに基準額を設定し、収入に応じて決められています（図3-

図3-8 まずは介護保険の被保険者の確認から

	第1号被保険者	第2号被保険者
対象者	65歳以上の者	40歳から64歳までの医療保険加入者
受給権者	・要介護者（寝たきり・認知症） ・要支援者（虚弱）	左のうち、初老期認知症、脳血管障害等の老化に起因する疾病によるもの
介護保険料	市区町村が徴収	医療保険者が医療保険料に上乗せして徴収し、納付金として一括納付
賦課徴収方法	所得段階別定額保険料（低所得者の負担軽減） 年金額が一定額以上は年金天引き、それ以外は普通徴収	・健保：標準報酬×介護保険料率（事業主負担あり） ・国保：所得割、均等割等で按分（国庫負担あり）

8）。原則として年金からの天引き。第2号は加入している健康保険の保険料に、介護保険料を上乗せして支払います。**保険料は、要介護状態になっても収めなければなりません。**

保険料の決め方は、次のようになっています。

市町村は3年を1期とする介護保険事業計画を策定し、3年ごとに見直しを行います。また、保険料も事業計画に定めるサービス費用見込額等に基づき決定されます。そのため、保険料は3年間は変わりません。

15年～17年度は第6期となり、65歳以上が支払う第1号の保険料は全国平均で月5

514円。ただ、厚生労働省の試算では2020年度は6771円、2025年度は8165円になりそうです。

一方、介護保険は2015年4月、大きく変わりました。**介護には予防給付に区分される要支援1、要支援2と介護給付に区分される要介護1~5があります。要支援1、要支援2の訪問介護と通所介護については、市町村が取り組む「総合事業**（介護予防・日常生活支援総合事業）**」に移行**されました。総合事業には「介護予防・生活支援サービス事業（サービス事業）」と「一般介護予防事業」があります。

「介護予防・生活支援サービス事業（サービス事業）」は、掃除・洗濯などの日常生活支援の訪問型サービス、機能訓練・集いの場などを提供する日常生活支援の通所型サービス、栄養改善を目的とした配食・1人暮らしの高齢者の見守りなどその他の生活支援サービス、介護予防ケアマネジメントという内容です。

「一般介護予防事業」とは介護予防把握事業、介護予防普及開発事業といったような、介護の質を高めていく内容を指します。

図3-9 居宅サービスの認定・利用限度額の目安とは？

	要介護度	認定の目安（例）	利用限度額
予防給付対象者	要支援1	障害のために生活機能の一部に若干の低下が認められ、介護予防サービスを提供すれば改善が見込まれる	5万30円（5003円）
	要支援2	障害のために生活機能の一部に低下が認められ、介護予防サービスを提供すれば改善が見込まれる	10万4730円（1万473円）
介護給付対象者	要介護1	身の回りで世話に見守りや手助けが必要。立ち上がり、歩行等で支えが必要	16万6920円（1万6692円）
	要介護2	身の回りの世話全般に見守りや手助けが必要。立ち上がり、歩行等で支えが必要。排泄や食事で見守りや手助けが必要	19万6160円（1万9616円）
	要介護3	身の回りの世話や立ち上がりが一人では出来ない。排泄等で全般的な介助が必要	26万9310円（2万6931円）
	要介護4	日常生活を営む機能がかなり低下しており、全面的な介助が必要な場合が多い。問題行動や理解低下も	30万8060円（3万806円）
	要介護5	日常生活を営む機能が著しく低下しており、全面的な介助が必要。多くの問題行動や全般的な理解低下も	36万650円（3万6065円）

※居宅サービスとは、訪問や通所、短期入所して受けるサービス・福祉用具の貸与を指します
※要支援１や要支援２に該当した人には、「予防中心のサービス」が提供されます
※利用限度額の（　　）内は１割自己負担金額です

２０１５年の法改正で大きく変わったのが、**介護老人福祉施設（特別養護老人ホーム＝特養）の入所が要介護３以上になったこと**。要介護１、要介護２の人は新たな入所が原則としてできなくなりました。

先に書いたように第１号の保険料は収入に応じて決まるため、低所得者については市町村ごとに基準額が設定され、保険

料も軽減されます。市町村によって異なりますが、軽減率は9段階あり、低所得の人は軽減率が高いため保険料が低く、高所得の人ほど保険料が高くなる仕組みです。**介護保険サービスには医療同様、自己負担割合があります。年金収入等が280万円未満では1割、280万円以上では2割**です。これも、**2018年8月からは、年金収入などが340万円以上の場合は3割負担**になります（図3-10）。医療と同じように、介護保険の負担額も徐々に上がっているのが現実なのです。

なお、**医療に「高額療養費制度」があるように、介護にも「高額介護サービス費制度」があり、負担の月額上限は世帯で4万4400円**となっています。こちらも知っておきましょう。

さらに、介護保険の給付についても見ておきましょう。

第1号被保険者は、介護や介護予防が必要と認定されれば給付を受けることができます。介護の原因となった病気やケガの種類は問われません。第2号被保険者は、末期がん、関節リウマチなど16種類の特定疾病で、要介護や要介護支援になると利用ができます。特定疾病以外の病気や、交通事故などによる外傷が原因の介護は対象外で

図3-10 介護費用の自己負担分はどれくらいかかるの？

●収入別・介護費用の自己負担割合

年金などの収入	自己負担割合
単身で年340万円以上 夫婦で年463万円以上	2割 ※2018年8月以降は 3割
単身で年280万～340万円未満 夫婦で年346万～463万円未満	2割
単身で年280万円未満 夫婦で年346万円未満	1割

●高額介護サービス費とは？

	自己負担限度額（月額）
現役並み所得相当	44,400円（世帯）
一般	44,400円（世帯）
市町村民税世帯非課税等	24,600円（世帯）
市町村民税世帯非課税等 年金収入80万円以下等	15,000円（世帯）

2017年7月まで37,200円。
ただし、1割負担の世帯は
年間上限額＝37,200×12カ月＝
44万6400円に
3年間すえ置き。

現役並みの所得者の基準は高齢者医療と同じ
➡課税所得145万円以上

す。なお、40歳未満は制度を利用できません。

働く女子にとって最適の「ついのすみか」とは？

さらに、**働く女子にとっての一大作業は、自分自身の「終活」の準備**です。当然、亡くなるときに一人暮らしだったり、死後のことを託せる親族がいなかったりすることも考慮しなければなりません。

最後まで自宅に住み続けたいと思う方も多いでしょうが、1人きりになったとき、より安心できる環境や施設への住み替えを想定しておくことも必要です。

これまでは特養に入るのが、費用的にもサービス的にもリーズナブルな最終手段だと考えられてきましたが、149ページで触れたように、介護保険の改正で介護度3以上でないと、入所できなくなりました。さらに、そもそもの施設数不足、そして在宅介護への流れなどもあり、特養への入居はますます厳しいのが現状です。

ですから、お金に余裕があればという前提条件つきですが、**住み替えの候補として、**

民間が運営する有料老人ホームを考慮に入れてもいいですね。

有料老人ホームは、高齢者が暮らしやすいように配慮された住まいが一般的。食事サービス、入浴・排泄・食事などの介護サービス、洗濯・掃除などの家事援助、健康管理などのサービスが受けられます。

有料老人ホームは「介護付」「住宅型」「健康型」の3つのタイプに分かれていて、「介護付有料老人ホーム」は、介護が必要になると、施設の介護スタッフがサービスを提供するもの。「住宅型有料老人ホーム」では、介護が必要になると、外部の介護サービス事業者と契約することになります。

一方、「健康型有料老人ホーム」は、その名の通り、自立している、あるいは介護度のきわめて低い健康な人が入居し、日常生活のサポートなどを受けられる施設のこと。そのため、介護度が高くなると退去しなければなりません。

ですから、**「ついのすみか」とするなら、介護付有料老人ホームが安心できる選択肢ということになる**でしょう。

費用はそれこそさまざまですが、**一般的に入居時の費用は0円から数億円とまさに**

ピンからキリまで。一時金の有無、介護認定の程度、介護従事者の人数など条件はさまざまですが、月額費用の目安は15万～30万円程度となります。

また高齢者住まい法に基づくサービスとして提供されているサ高住（サービス付き高齢者住宅）も有力な選択肢です。これは、一定の面積、設備とバリアフリー構造などを備えた高齢者向けの賃貸住宅です。

自立して暮らせる人だけでなく、要介護の人も入居できます。入居者の年齢は60歳以上か、要介護・要支援認定を受けている60歳未満のいずれか。配偶者と一緒に住むこともできます。

また、バリアフリー構造のため、足腰が弱くなっても安心できるでしょう。ただし、必ず提供しなければいけないサービスは安否確認と生活相談のみで、他はオプションとなるため、料金や内容をしっかり調べておく必要があります。

マンションなど自宅を購入したシングル女子も多いと思いますが、高齢になったときの住みやすさやサービスを考慮すると、自宅を売却して、サ高住や有料老人ホームに入居することを検討する時期が来ることも、念頭に置いておきましょう。

逆に言うと、**これから自宅の購入を考えている人は、自分が高齢者になったときのことも考えて、住まい選びをしなければならない時代になった**ということです。

体力と貯蓄との兼ね合いで変わる介護の終着点

そのほかにも、高齢者が利用できる施設はまだまだあります。

たとえば、老人福祉施設という言葉を聞いたことがあるかもしれませんね。

この老人福祉施設とは、高齢者の健康と安心を守ることを目的とした老人福祉法に規定された**①老人デイサービスセンター、②老人短期入所施設、③養護老人ホーム、④特別養護老人ホーム、⑤軽費老人ホーム、⑥老人福祉センター、⑦老人介護支援センター**のことです。

子どもの支援が期待できないシングル女子にとって、とても重要な情報なので、それぞれの施設を詳しく紹介します。

❶ 老人デイサービスセンター

日常生活に支障のある高齢者に対し、入浴、食事の提供、機能訓練、介護の方法や生活に関する相談や助言を行います。また、健康診査などのさまざまなサービスを日帰りで提供します。介護保険法上は「指定通所介護事業所」と呼ばれています。

❷ 老人短期入所施設

自宅での介護が一時的に困難になった高齢者が短期入居し、介護や日常生活上の支援を受ける施設。介護が一時的に困難な状態とは、高齢者の心身の状況が変わったり、家族が病気になったり、冠婚葬祭や出張で不在になった状況のこと。

その際、家族の身体的・精神的な負担を軽減するためのサービスを提供する施設となります。介護保険法上の「指定短期入所生活介護施設」です。

❸ 養護老人ホーム

とくに病気にかかっておらず介護を必要としない65歳以上の高齢者で、低所得などで経済的に困難な人を入所させ、養護することが目的。食事サービス、機能訓練などを提供します。

4 特別養護老人ホーム

65歳以上の高齢者で、身体上または精神上に著しい障害があるため、常時の介護を必要とし、自宅での介護が困難な場合に入所が可能。入浴、排せつ、食事などの介護、日常生活上の世話、機能訓練、健康管理などのサービスを提供します。介護保険法上の介護老人福祉施設、地域密着型介護老人福祉施設です。

5 軽費老人ホーム

A型、B型、ケアハウスの3種類があります。入所は原則60歳以上で、夫婦での同居を希望する場合は、どちらかが60歳以上であれば入所することができます。

A型は独立して生活するには不安がある人が対象で、家族による援助を受けることが困難なこと。

B型はA型の要件に加えて、自炊ができる人。

ケアハウスは、身体機能が低下して自立した日常生活に不安がある人が対象で、家族による援助を受けることが困難なことが、入所の条件となります。

❻ 老人福祉センター

無料または低料金で、地域の高齢者に対して、健康増進、教養の向上、レクリエーションのためのサービスを提供。健康、生活、法律など各種の相談に応じてくれます。趣味や娯楽を通じた交流（コーラスや健康体操などのサークル活動）、教養講座や生涯学習教室などが行われています。

❼ 老人介護支援センター

通称、在宅介護支援センターとも呼ばれています。自宅で暮らしている援護が必要な高齢者、あるいは、援護が必要となるおそれのある高齢者、さらには、その家族からの相談、要望に応じた保健、福祉サービス（介護保険を含む）を、総合的に受けられるように市区町村等関係行政機関、サービス実施機関、居宅介護支援事業所との連絡調整を行う施設のこと。つまり、さまざまな介護のニーズに応えられるようなサービスの調整が、主な役割となります。

高齢者になったシングル女子が、元気に日常生活を送れる間は、⑥老人福祉センターや⑦老人介護支援センターを利用し、生活に不安を覚えるようになったら①老人デ

イサービスセンターや⑤軽費老人ホーム、いよいよ困難になったら④特別養護老人ホームというイメージでしょうか。

もちろん、まだまだ時間は十分にあるので、ゆっくりと時間をかけて、自分に合ったついのすみかを考えるといいでしょう。

介護にかかるお金は800万円を1つの目安に！

もう1つ大事な〝介護にかかわるお金〟についてのお話をしましょう。

介護状態になると、どのくらいのお金がかかるのでしょうか？

いろいろな見積もりがあると思いますが、**800万円を1つの目安**としてください。

その根拠を説明しましょう。

生命保険文化センターの「生命保険に関する全国実態調査」（2015年度）では、介護にかかわるデータとして、

・介護期間の平均年数　4年11カ月
・介護費用の平均月額　7万9000円
・住宅改修や介護用ベッドの購入などの一時費用　平均80万円

といったことを紹介しています。

毎月7万9000円を4年11カ月間支払い続けると、累計で466万1000円。これに一時費用の80万円を加えると546万1000円。およそ550万円です。

平均ではこのような金額になりますが、図3-11を見ていただくとわかるように、介護期間、介護費用ともに、バラつきがあります。

介護期間の平均は4年11カ月ですが、1～2年未満という短い介護期間が11・6%である一方、10年以上は15・9%となっています。

そうすると、550万円という見積もりでは、ちょっと不安が残りませんか。

また、**介護費とは別に医療費もかかります。70歳以上75歳未満の高齢受給者の自己負担割合は2割（2018年度）、75歳以上の後期高齢者医療制度に該当する人は1割**

図3-11 介護のおカネと期間のリアルを直視する!

●介護期間

6カ月未満	6ヵ月〜1年未満	1〜2年未満	2〜3年未満	3〜4年未満	4〜10年未満	10年以上	不明	平均
5.8%	6.2%	11.6%	14.2%	14.5%	29.9%	15.9%	1.9%	59.1カ月(4年11カ月)

●介護費用

〈一時的な費用の合計〉

掛かった費用はない	15万円未満	15〜25万円未満	25〜50万円未満	50〜100万円未満	100〜150万円未満	150〜200万円未満	200万円以上	不明	平均
17.3%	13.9%	8.3%	7.7%	9.0%	7.9%	1.9%	7.1%	26.8%	80万円

〈月額〉

掛かった費用はない	1万円未満	1万〜2万5千円未満	2万5千〜5万円未満	5万〜7万5千円未満	7万5千〜10万円未満	10万〜12万5千円未満	12万5千〜15万円未満	15万円以上	不明	平均
5.2%	4.9%	15.1%	10.2%	13.8%	7.1%	9.8%	3.4%	16.4%	14.1%	7.9万円

〈生命保険文化センター「生命保険に関する全国実態調査」/平成27年度〉

です。

高額療養費制度も利用でき、「一般所得者」に分類される一般的な所得の人は、外来月額上限1万4000円(個人ごと)。外来・入院(世帯ごと)は5万7600円です。

つまり、**介護費用に病気やけがなどの医療費を加算すると、800万円程度は必要になる**わけです。

まだまだ先の話なので、この**介護資金作りにあたっては、定期預金で積み立てていくよりも、値上がりが期待できる投資信託を非課税の特典で利用できる「つみたてNISA」(第2章参照)の利用をおすすめし**ます。

この章のまとめ❸

保険と介護の10大原則

1. 働く女子は新たに医療保険に入る必要なし！
2. 医療費が予想以上にかかったら「高額療養費制度」を利用する！
3. 生命保険の医療特約は“賞味期限”に要注意！
4. 病気やけがのときに働く女子の味方となるのが「傷病手当金」！
5. 労災や障害年金でいざというときの保障を手厚くできる！
6. 介護離職はでき得る限り避けるのが働く女子の大原則！
7. 医療同様、介護の自己負担もだんだんと増えていくのが現実！
8. マンション購入は「ついのすみか」問題も念頭に置いて要検討！
9. 介護のお金は800万円が１つの目安に！
10. 介護資金作りも、やはり「つみたてNISA」がおすすめ！

第4章

老後の落とし穴にハマらない、働く女子のスマートなマネープラン

シングル女子、3つの生き方からどれを選ぶ？

働くシングル女子の皆さんは、老後の暮らしをどのようにイメージしているでしょうか。もし「考えたことなどないけど……」というのなら、ちょっと想像してみてください。

すると、どんなことに不安を覚えますか。

第3章で見たような病気になったときの心配。あるいは、同じく第3章で解説したような介護状態に対する心配。住むところの心配。生活費の心配などなど……。

人によっていろいろあると思いますが、それらの**不安に共通していることは、つまるところズバリ「お金」**です。

第3章で、病気やけがをした際にさまざまな公的支援が受けられることを紹介しましたが、現役のいまはもちろん、これからシニア世代になって年金生活に入っても、さらにはたとえ介護が必要になったとしても、かかった費用の一定割合は自己負担しなければなりません。

では、〝働くシングル女子〟が〝シングル定年女子〟として暮らすときの収入は、一体どうなっていくのでしょうか。

最初に念のため、確認しておきますと、シングルの定年女子には3つのパターンがあります。

Ⓐずっとシングルという生き方を選んだ定年女子
Ⓑ夫と死別してシングルになった定年女子
Ⓒ夫と離婚してシングルになった定年女子

Ⓐの「ずっとシングルという生き方を選んだ定年女子」の収入はシンプルです。自分が加入していた公的年金から支給される年金額が一生涯続くわけですから、その額の範囲内の生活を心がければいいのです。

「その額」では足りないので、貯蓄から毎月いくらかを取り崩すという「覚悟」（と「計算」）があり、そのための貯蓄が確保できているのなら、それはそれでまったく問題はありません。

いま、「覚悟」だなんてちょっと大げさな言葉を使いましたが、年金生活に入ると、貯蓄を取り崩して生活するのは不安だという声をよく聞きます。現役時代に老後の生活費をシミュレーションして、年金収入だけでは足りないから、毎月5万円を貯蓄から取り崩すと決めても、**実際に年金生活に入り、毎年60万円ずつ、10年で600万円も減ることを目の当たりにすると、不安が募るのも当然**です。

定年女子の収入はどれくらいになる？

高齢になると働いてお金を稼ぐことがなかなか難しくなるので、まとまった貯蓄額が1つの心の支えになるのは間違いありません。

では、シングル女子にとって老後の収入の柱となる年金の給付額は、一般的にはどのくらいになるのでしょうか。厚生労働省の「2016年度厚生年金保険・国民年金事業の概況」という資料によれば、**厚生年金の受給者の平均年金月額は14万7872円**となっています。

これによると、およそ15万円の収入の範囲内で暮らすライフプランが立てられれば、大きな病気やけが、あるいは突発的なトラブルがない限り、貯蓄を取り崩さなくても生活ができるでしょう。

ただし、この金額はあくまで男女全受給者の平均。一概には言えないものの女性はもう少し低いですね。

その原因は、現役時代の給料の差にあります。

労働基準法では男女同一賃金の原則を定めていますが、現実には差がついていて、残念ながら女性の給料は男性よりもかなり低くなっています。国税庁の「2015年分民間給与実態統計調査」によれば、**男性正社員の平均給与は538万5000円、女性正社員は367万2000円で、170万円以上の差**があります。

第2章で、給料が多い人ほど年金額が多くなるというお話をしました。これだけ給与に差があると、女性の年金額にも大きな影響を与えるのは当然のことです。

50歳未満の人が誕生月に受け取る「ねんきん定期便」には、老齢基礎年金額と老齢厚生年金額、そして、その合計が受け取り見込額として記載されています。インターネットの「ねんきんネット」では、もらえる年金額のシミュレーションもできます（http://www.nenkin.go.jp/n_net/n_net/estimatedamount.html）。登録して利用してみましょう。

また、50歳以上向けの「ねんきん定期便」には、より詳しい内容が記されています。50代の働く女子は、こちらをぜひ読んで参考にしてみてください。

結婚していた場合、夫が先に亡くなるのだから……

一方、Ⓑの「夫と死別してシングルになった定年女子」と、Ⓒの「夫と離婚してシングルになった定年女子」のケースは複雑です。

まず、Ⓑの夫と死別してシングルになった定年女子のケースから。

夫婦が年金生活をイメージする際、多くの家庭は夫婦で受け取れる年金額をベースにしています。それがいくらなのかは個々で変わるはずですが、ここでは厚生労働省が『厚生労働白書』で公表している「標準的な年金受給世帯の年金額」を参考として見てみることにしましょう。

あらかじめお断りしておくと、この資料の前提条件が実情に合っていないという批判をよく聞きます。前提条件とは、夫が平均的収入（賞与を除く平均標準報酬月額36万円）で40年間働き、妻がその期間ずっと専業主婦だった世帯の額というもの。ということは、夫が20歳で就職してすぐに結婚し、妻は正社員として働いた経験がないということになります。

昔は、夫が会社員、妻は専業主婦という家庭が多かったため、夫をずっと会社員の第2号被保険者、妻をずっと専業主婦の第3号被保険者にして、夫婦の老齢基礎年金＋夫の厚生年金で計算したのでしょう（第2号、第3号の種別については59、60ページを参照）。ところが、その後、夫婦のかたちは変わっていったにもかかわらず、年金額の推移比較をするためのモデルケースは変わっていないのです。

そういった点を頭に置きつつ、データを見てみましょう。

この前提による**年金額は2016年度では、夫婦で月額22万1504円**でした。老齢基礎年金額（国民年金額）は月額6万5008円なので、夫の年金額は月額15万6496円（老齢厚生年金9万1488円＋老齢基礎年金6万5008円）、妻の年金額は月額6万5008円という内訳です。

ただ本書でも触れましたが、平均余命に従えば夫のほうが先に亡くなりますよね。では夫婦で年金生活をしていて、先に夫が亡くなると年金はどうなるのでしょう。

この場合、夫の年金がなくなるのではなく、「遺族厚生年金」として妻が受け取れるようになります。ただし、夫の年金額をまるまる受け取れるわけではありません。

遺族年金の考え方を理解するために、1つシミュレーションをしてみましょう。わかりやすくするために、夫の老齢厚生年金を12万円、妻の老齢厚生年金を5万円とします。これにプラス老齢基礎年金分の6万5000円があるのですが、ややこしくなるので、ここでは加算しません。

先ほどお話したように夫が亡くなると、その老齢厚生年金は遺族年金となり、**支給額は「老齢厚生年金額の報酬比例部分の4分の3」**となります。「報酬比例部分」という言葉が出てきましたが、これは「夫の老齢厚生年金額の4分の3」と理解しておけばいいでしょう。

さて、夫の老齢厚生年金は12万円なので、遺族厚生年金は4分の3の9万円です。妻の老齢厚生年金は5万円でしたね。

遺族年金の受け取りには、3つの選択肢があるという話を聞いたことがある方もいるかもしれません。実際、2007年3月以前は、次の3通りのなかから選んで受け取ることができました。

①遺族厚生年金
②妻の老齢厚生年金
③妻の老齢厚生年金の2分の1＋遺族厚生年金の3分の2

計算すると①は9万円、②は5万円、③は8万5000円になるので、誰でも年金額が一番大きい①の遺族厚生年金を選んだはずです。

ところが、2007年4月からは、65歳以降の遺族厚生年金受給権者（ここでは妻）

図4-1 夫が亡くなると妻は年金をどうもらうの？

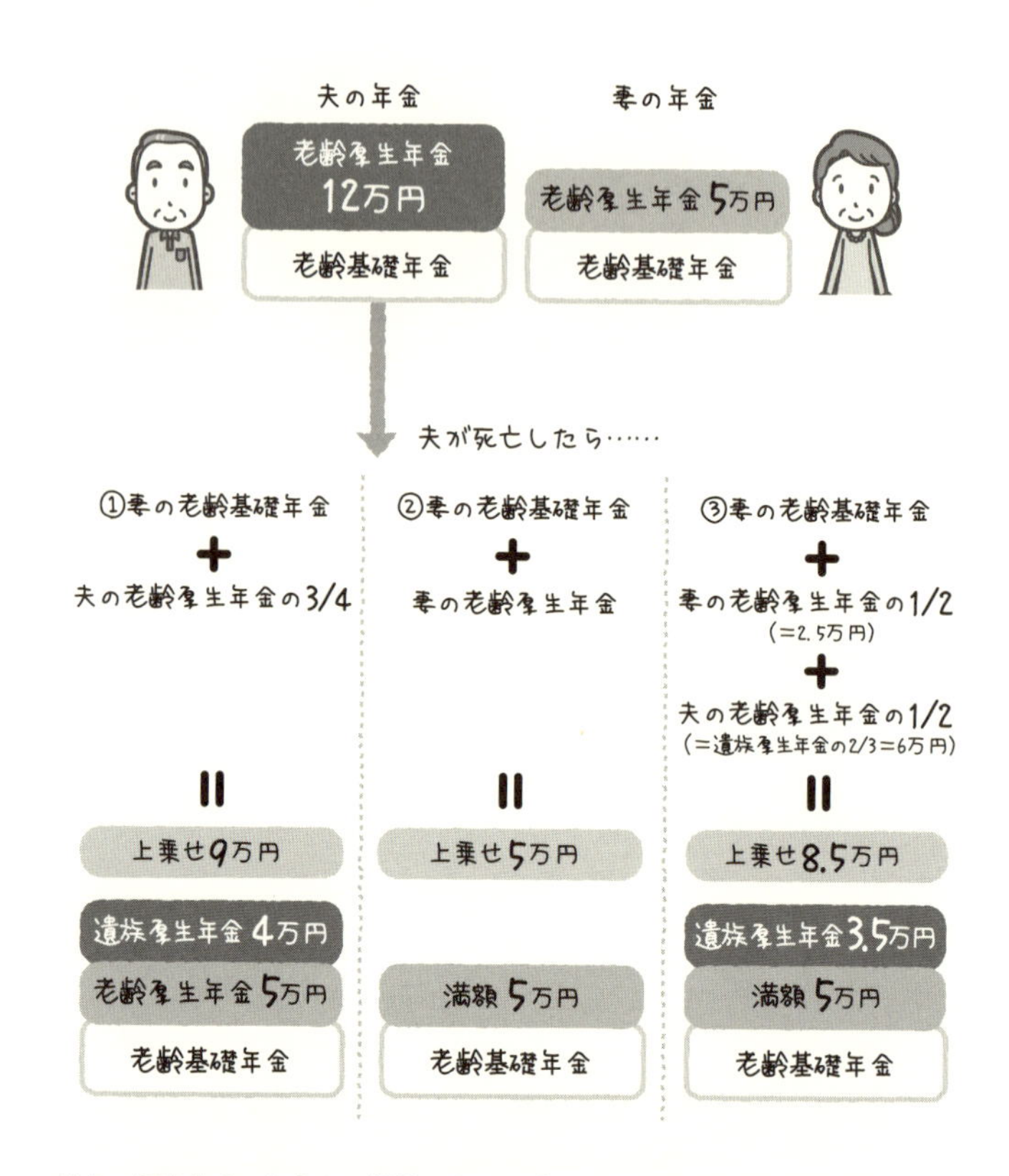

※1　厚生年金に加入した期間がある65歳以上の妻の場合。

※2　①、③の上乗せ部分は妻の厚生年金から優先的に支給し、差額を遺族厚生年金として支給します。

※3　妻が厚生年金の加入期間がない場合は①のパターンとなります。

※4　本文にもあるように、②が①や③よりも低くなる場合は、その差額が遺族厚生年金として支給されます。①の場合、遺族厚生年金プラス4万円です。

には、原則として自分が保険料を拠出した②の老齢厚生年金が支給されることになります。つまり、このケースでは5万円ですね。

「これだったら、以前の計算方法のほうが良かったのに！」

当然、皆さんそう思うでしょうが、安心してください。**②が①や③よりも低くなる場合は、その差額が遺族厚生年金として支給される**のです。このケースですと、9万円－5万円で4万円ですね。

結果として、妻の老齢厚生年金5万円＋遺族厚生年金4万円の合計9万円が支給されるわけです。

いつ、どのような状態でシングルになるかでもらえる額も変わる！

ここまでは年金を受け取る年齢になってからのケースを計算してきましたが、年金を受け取る年齢の前でも、生計を維持している人が亡くなった場合、遺された家族には「遺族年金」が支給されます。

図4-2 家族にもしものときの遺族年金

亡くなった人	もらえる遺族年金の種類	もらえる人
第1号被保険者（国民年金）＝自営業者とその家族・学生など	遺族基礎年金	18歳未満の子がいる妻または夫。18歳未満の子
	寡婦年金	60〜65歳の妻
	死亡一時金	60歳未満の若い遺族
第2号被保険者（厚生年金）＝会社員、公務員など	遺族厚生年金	40歳未満で子がない妻など
	遺族基礎年金＋遺族厚生年金	子がいる妻
	遺族厚生年金＋中高齢寡婦加算	40歳以上65歳未満で子がない妻
第3号被保険者（国民年金）＝第2号被保険者の扶養配偶者	遺族基礎年金	18歳未満の子がいる妻または夫。18歳未満の子

※いずれも年収850万円未満であること

亡くなった人が自営業者やフリーランスのように、国民年金に加入していた人なら「遺族基礎年金」、厚生年金に加入していた会社員なら、「遺族基礎年金」に加えて「遺族厚生年金」が受け取れます。詳しくは図4-2を見てください。

ここでは、亡くなった人が会社員の場合を考えてみましょう。

図4-3にあるように、**遺族の優先順位と、人によって**

受け取る遺族年金の種類が異なることをまず知っておいてください。

優先順位は次の通りです。

第1位　子のある妻、子のある55歳以上の夫
第2位　子
第3位　子のない妻
第4位　子のない55歳以上の夫
第5位　55歳以上の父母
第6位　孫
第7位　55歳以上の祖父母

最も優先順位が高い子のある妻（会社員の夫死亡）と子のある55歳以上の夫（会社員の妻死亡）は、遺族厚生年金＋遺族基礎年金を受け取れます。

子（18歳になった年度末まで）も遺族厚生年金＋遺族基礎年金が受け取れますが、子の

図4-3 遺族のうち誰がどんな年金をもらえるの？

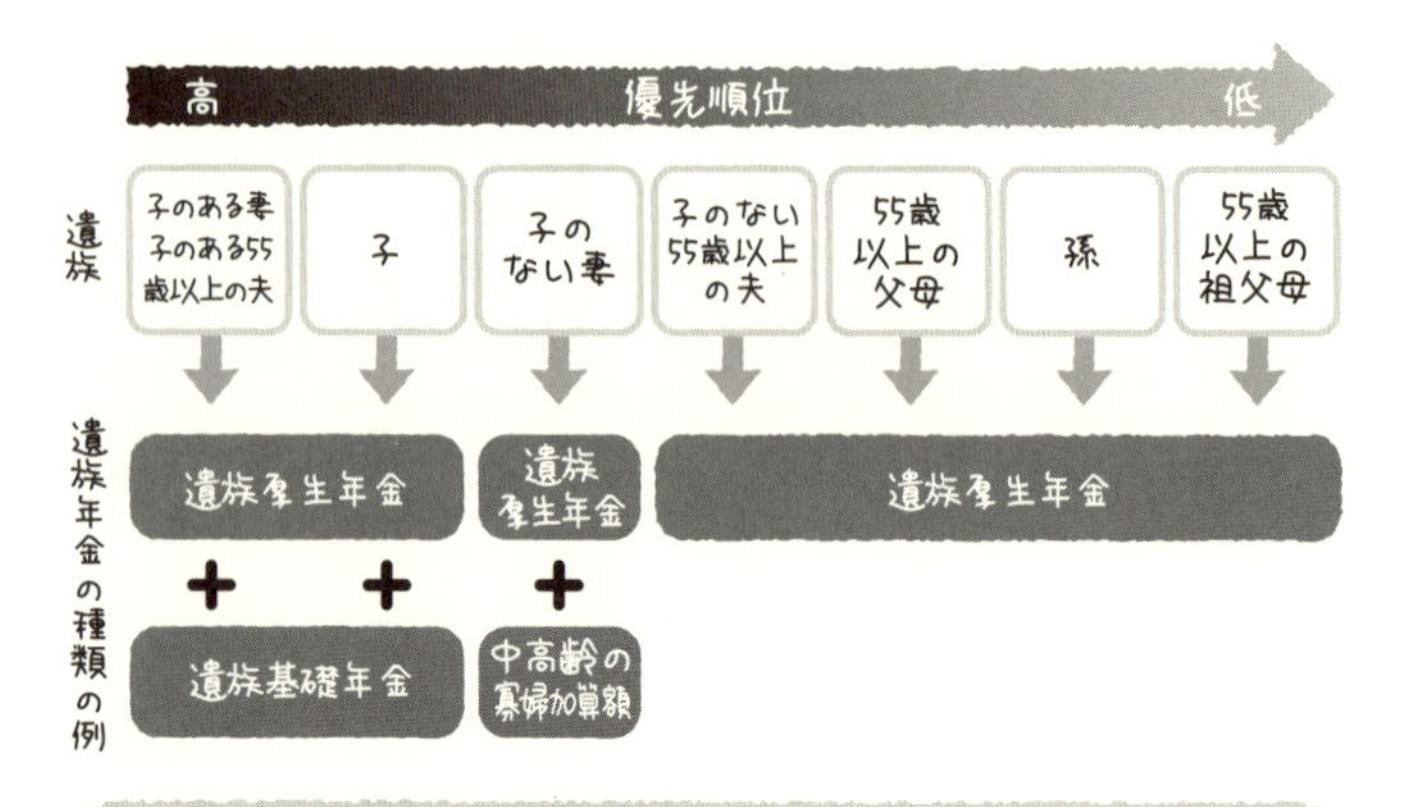

遺族の条件とは？

●夫、父母、祖父母

死亡当時、55歳以上であること

（受給開始は60歳からになります。ただし、夫は遺族基礎年金を受給中の場合に限って、60歳より前でも遺族厚生年金を併せて受け取ることができます）

●子、孫（「子のある妻」「子のない妻」などの「子」を含む）

- 死亡当時、18歳になった年度の3月31日までの間にあること
（死亡した当時、胎児であった子も出生以降に対象となります）
- 20歳未満で障害等級1級または2級の障害の状態にあること
- 婚姻していないこと

中高齢の寡婦加算額とは？

夫に先立たれた中高齢時期の女性に年金が加算されるというもの。遺族厚生年金に加算されるので、夫を亡くして遺族厚生年金を受け取っていることが前提条件です。そのうえで以下のような条件をクリアする必要があります。

- 夫が死亡したときに40歳以上65歳未満で、子どもがいない妻
- 遺族基礎年金と遺族厚生年金を受け取っており（40歳当時、遺族基礎年金を受けていた妻に限る）、子どもが18歳の年度を過ぎたので遺族基礎年金がもらえなくなった妻

要するに子どもがいない、あるいは子どもが成長して遺族基礎年金がもらえなくなった妻への年金補てん

加算額＝年額58万4500円（2017年度）

ある妻か、子のある55歳以上の夫が遺族年金を受け取っている間は、支給されません。

一方、子のない妻は、遺族厚生年金＋中高齢の寡婦加算額が受け取れます。

これにより、中高齢の寡婦加算額として、妻が40歳から65歳になるまでの間、58万4500円（2017年度）を受け取ることができます。

ただし、次の条件に当てはまらなければなりません。

①夫が死亡した時に妻が40歳以上65歳未満で、生計を同じくする子がいない場合
②遺族厚生年金と遺族基礎年金を受け取っていた子のある妻（40歳に達した当時、子がいるため遺族基礎年金を受けていた妻に限る）が、子が18歳になった年度の3月31日に達した（障害状態にある場合は20歳に達した）ため、遺族基礎年金を受け取ることができなくなった場合

子のない55歳以上の夫、55歳以上の父母、孫、55歳以上の祖父母は遺族厚生年金だけを受け取れます。

ここでは、会社員だった夫を亡くした妻の例を見ていきましょう。

遺族基礎年金額（２０１７年度）は77万９３００円です。**子どもがいれば加算分として第1子、第2子は各22万４３００円、第3子以降は各7万４８００円が上乗せ**されます。

遺族厚生年金からは、夫が老齢厚生年金として受け取るはずだった額（老齢厚生年金の報酬比例部分）の4分の3が支給されます。

たとえば、子どもがまだ小さいうちに夫を亡くした妻は、遺族基礎年金と遺族厚生年金の両方を受け取ることができます。そして、子どもが18歳になると遺族基礎年金がなくなり、遺族厚生年金のみになるか、先ほどの条件を満たせば中高齢の寡婦加算額を受け取ることができるようになるわけです。

なお30歳未満の子のない妻は、５年間だけ受け取ることができます。そこには「まだ若いのだから5年の間に自立してくださいね」という、国の気持ちが表れているのでしょう。

年金に関して「元夫」はとにかく期待できない！

さて、続いては165ページで挙げたシングル定年女子3つのパターンのラスト、Ⓒの「夫と離婚してシングルになった定年女子」の話です。

「A子のところ、離婚したんだって！」

「私、こないだダンナと別れたんだ……」

最近ますます、こういった話を聞く気がしますが、実際どうなのでしょうか。

厚生労働省の推計では2016年の離婚件数は21万7000件ですが、10年前の2006年は25万8000件。つまり、増えているどころか減っているのです。しかも、離婚率自体も減っています。

周りで離婚する人が増えているように感じられるのは、はたして気のせいなのでしょうか……。

それはさておき、離婚してシングルになると、「元妻」となる定年女子の生活はかなり厳しくなります。「だって夫の年金の半分がもらえるんでしょ」と思っていた人は、がっかりしているかもしれませんね。

離婚すると、片方の配偶者の年金保険料の納付実績（年金記録）の一部を分割して、もう片方の配偶者が受け取れるという「年金分割制度」が、2004年に導入されました。

ただし、この制度が施行されたからといって、離婚すると夫の年金の半分がもらえるようになったわけではありません。まず年金分割の対象となるのは、「厚生年金保険の部分」です。**基礎年金（国民年金）や厚生年金基金をはじめとする企業年金などに相当する部分は分割対象にはなりません**。

さらにがっかりする（?）のは、**「婚姻前の期間」の分は反映されない**ということ。結婚する前の独身時代の分は除かれるというわけです。

晩婚化が進んでいるので、アラフォーの夫婦でも婚姻期間は数年ということも珍しくありませんね。もちろん、かつて夫だった男子の離婚後の納付実績も、年金分割の対象になりません。

ですから、**なおさら「元夫」の年金には期待できない**のです。

「内助の功」に報いるとはいうけれど……

では、そもそもなぜ年金分割制度が導入されたのでしょう。169ページで紹介した、「標準的な年金受給世帯の年金額」に登場した夫婦を思い出してください。会社員の夫は40年間、第2号被保険者として厚生年金に加入、専業主婦の妻は40年間、第3号被保険者として国民年金に加入していましたよね。

この夫婦が離婚すると、夫は老齢厚生年金＋老齢基礎年金でなんとか生活することができるでしょうが、妻は月額7万円に満たない老齢基礎年金（国民年金）だけ。ですから、生活が困窮することは目に見えています。

でも、夫が家庭を顧みずに（かどうかはわかりませんが）働いて年金保険料を納付できたのは、専業主婦である妻のサポートがあったからです。それなのに離婚すると年金額に大差がつくなんて……。このような不公平をなくすために、年金分割制度が導入されたのです。

いわば「内助の功」分なのかもしれませんが、これが多いか少ないかは議論の分かれるところでしょう。

ともあれ、この夫婦の場合は、40年間の夫の厚生年金保険料の納付実績が対象になりますが、**結婚して数年で離婚というケースでは、分割制度によるメリットはほとんどありません**。

さらに、定年女子にとくに知っていただきたいのが、夫よりも妻のほうが給料が高い場合です。給料が高い妻のほうが厚生年金保険料を多く払っているため、逆に元夫に分割を求められるかもしれません。つまり、**年金分割は女性だけが利用できる制度ではない**のです。

なお国民年金は分割されないので、夫が自営業者などの場合には、年金分割の制度を利用することができません。お忘れなく！

同い年40歳、結婚10年目で離婚、さてどうなる?

そもそも年金を受給するためには、公的年金に10年以上の加入期間が必要です。加入期間とは保険料納付期間とイコールですので、免除を受けていた期間も合算します。2017年8月から期間が短縮され25年から10年となりました。つまり、**自分の公的年金加入期間が10年未満では、たとえ年金分割を受けることになっても、実際には受け取れない**ので注意が必要です。

そうしたことを頭に入れて、年金分割の2つの種類を見ていきましょう。

2つの種類とは、**分割するときに夫婦間の合意の手続が必要な「合意分割」と、必要がない「3号分割」**です。

合意分割では、夫婦で分割することと、分割の割合（按分割合）について合意をしてから手続きがスタートします。**分割対象期間は婚姻期間（2007年4月1日以前も含む）**。**分割割合は2分の1が上限**。**請求期限は、原則として離婚日の翌日から2年以内**です。

一方、**3号分割は夫婦間の合意は不要、問答無用で半分**です。**分割対象期間は2008年4月1日以降の婚姻期間のうち、第3号被保険者であった期間。請求期限は、原則として離婚日の翌日から2年以内**です。

このように死別と違い、離婚によりシングルになると、年金分割を受けたとしても、老後の生活はかなり厳しいものになりそうです。もっとも「元夫」も婚姻期間が長いほど、年金分割後の年金額が減るので安穏としていられませんが……。

理解しやすいように例を見てみましょう。この場合の年金額は、おおよその目安と考えてください。

結婚10年目、40歳の同い年夫婦が離婚することになりました。妻の年金は基礎年金75万円。それに、**独身時代の分の14万円と結婚10年の夫から婚姻期間の分として受け取る15万円の計29万円を足し、合計では104万円です。月額では8万6000円ほど**となります。

一方の夫は、基礎年金75万円と厚生年金——年金分割前117万円－妻に分割した15万円＝102万円の合計177万円。月額では15万円に届きません。

これが**もし、60歳まで離婚せず婚姻期間が30年にまで達すると、妻の厚生年金は60万円に増えて、合計135万円**に。逆に夫の厚生年金は71万円まで目減りし合計146万円。月額では妻11万円、夫12万円ほど。十分とはいえませんが、少し年金額を増やせますね。

どんなに仲のいい夫婦でも、いずれシングルになるのは確実です。1人になっても生活ができるように、お金のかからないライフスタイルに少しずつ転換したり、身の回りを整理してはいかがでしょうか。

備えあれば、シングルになっても怖くありません。とくに賢明な働く女子の皆さんであるならば。

賢明な働く女子に贈るお金に関する最後の質問です!

最後に45歳働く女子に、人生のキャッシュフロー（生涯のお金の流れ）に関する問題をお出しするので、考えてみてください。机上の計算ではなく、実際の働く女子のデータを基にしています。

5年後、50歳のあなたの年収は500万円。その時点の貯蓄残高は936万円あります。つまり、ほぼ1000万円ですね。

公私ともにお金がかかる年齢です。管理職として自分投資も必要だし、プライベートの自分磨きも欠かせません。無論、つき合いもあります。そのため生活費にかかっているのは420万円ほど……。

また、住まいは住宅ローンを組んで自宅を購入しました。毎月のローン返済額は10万円。賃貸住宅の家賃とあまり変わりませんし、定年を迎える60歳で返済が終わります。さらに生命保険料として月2万円。これは終身払いなので、亡くなるまで払い続けることになります。

将来的に退職金は1200万円もらえそうです。また、60歳から65歳までは再雇用の道がありますが、年収は300万円に下がります。

そのため、**50歳のときにかかっていた生活費420万円を300万円まで切り詰める計画**を立てました。**65歳から年金生活に入り、年金額は178万円**です。

さて、あなたの老後生活は大丈夫でしょうか？

「大丈夫そう」という声が聞こえます。

では、図4-4のキャッシュフロー表を見てください。

まず**年間収支を見ると、赤字が並んでいます**。

赤字を埋めるために貯蓄を取り崩しているので、貯蓄残高はどんどん減っています。

あなたの老後、ホントに大丈夫ですか？

問題点1

現役時代から赤字を続けていて、せっかくの貯蓄を食いつぶしています。住宅ローンを賢く組んで返済額を月10万円に抑え、しかも60歳で完済する計画を立てているのにもかかわらず……。

問題点は、収入に対して生活費が多すぎること。現役時代は年収500万円に対して420万円。これは一応年収の範囲内に収まっています。ところが、再雇用を機に思い切って120万円削減したつもりでも、それでは年収と同じ。その分、保険料をまかなうために貯蓄を取り崩さなければなりません。

図4-4 老後資産のキャッシュフローはどうなる？

単位：万円

年齢	収入		支出					年間収支	貯蓄残高
	給与収入	年金収入	基本生活費（退職前）	基本生活費（退職後）	住宅費（ローン）	保険料	Total		
50歳	500		420		120	24	564	-64	936
51歳	500		420		120	24	564	-64	872
52歳	500		420		120	24	564	-64	808
53歳	500		420		120	24	564	-64	744
54歳	500		420		120	24	564	-64	680
55歳	500		420		120	24	564	-64	616
56歳	500		420		120	24	564	-64	552
57歳	500		420		120	24	564	-64	488
58歳	500		420		120	24	564	-64	424
59歳	500		420		120	24	564	-64	360
60歳	300+1200（再雇用＋退職金）			300	120	24	444	1056	1416
61歳	300			300		24	324	-24	1392
62歳	300			300		24	324	-24	1368
63歳	300			300		24	324	-24	1344
64歳	300			300		24	324	-24	1320
65歳		178		300		24	324	-146	1174
66歳		178		300		24	324	-146	1028
67歳		178		300		24	324	-146	882
68歳		178		300		24	324	-146	736
69歳		178		300		24	324	-146	590
70歳		178		300		24	324	-146	444
71歳		178		300		24	324	-146	298
72歳		178		300		24	324	-146	152
73歳		178		300		24	324	-146	6
74歳		178		300		24	324	-146	-140
80歳		178		300		24	324	-146	-1016
90歳		178		300		24	324	-146	-2476
100歳		178		300		24	324	-146	-3936

さらに困ったことに、年収178万円の年金生活に入っても、生活レベルを落とせていません。気持ちはわかります。**年収300万円時代の生活を178万円の生活に切り替えるためには、相当な覚悟が必要**ですから。

問題点②

生命保険（保険料月払い2万円）を終身で掛けていること。現役時代は年収500万円に対する保険料の割合は4・8%でも、再雇用後の年収300万円に対しては8%、年金収入178万円に対して13・5%にもなってしまいます。

生命保険の終身払いは失敗でした。保険金を残す必要などないのだから、やめるという手もありましたね。

結論！

収入178万円のビンボーな生活に甘んじることができなかったため、あなたは**61歳以降貯蓄を年24万円、65歳以降は年146万円も取り崩さなければならなくなりました……**。

貯蓄残高をグラフで表すと、まさに〝急降下〟（図4-5）。**73歳になると、60歳のと**

図4-5 何もしないと貯蓄残高は70代前半でマイナスに……

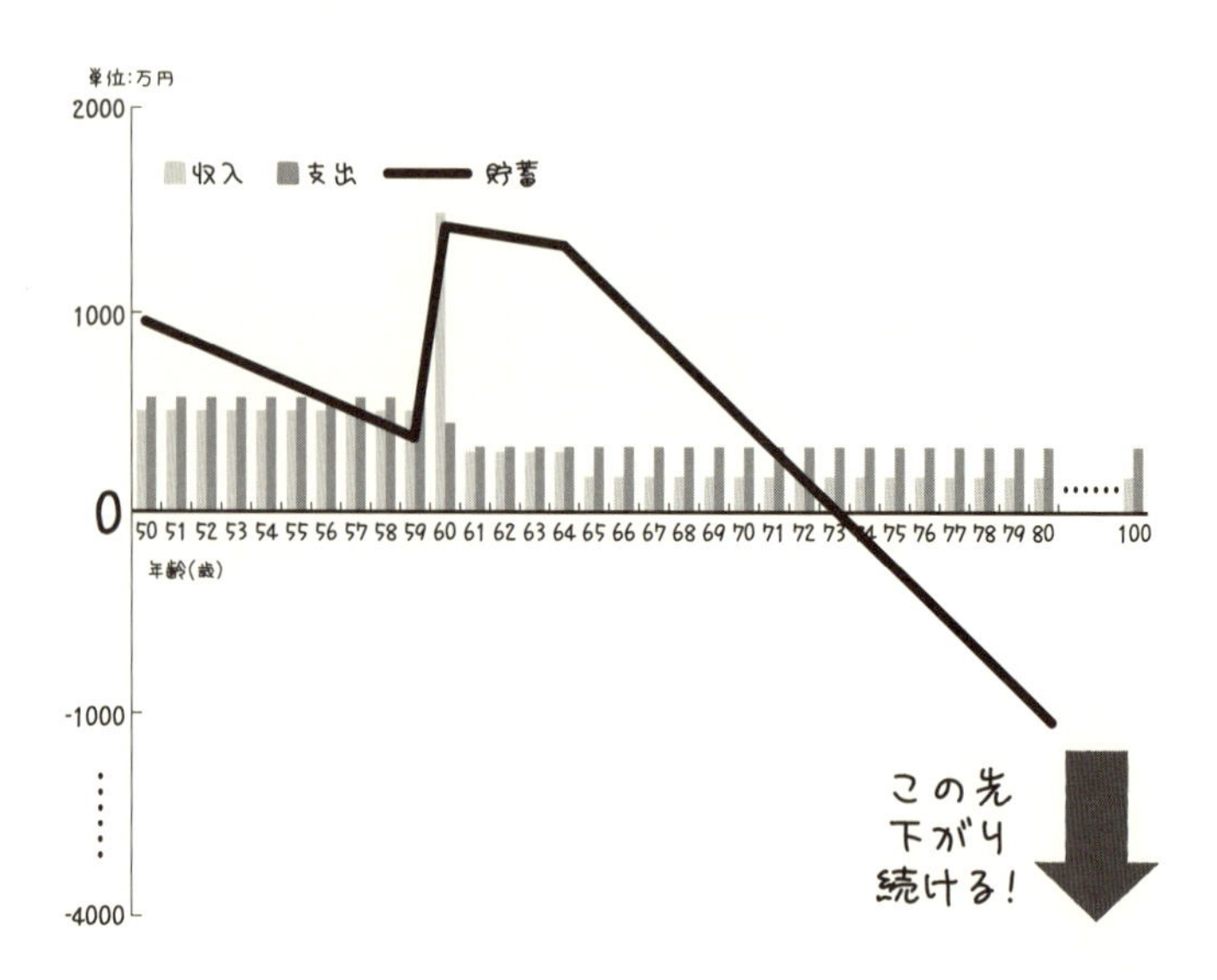

きに1416万円あった残高はわずか6万円しかありません。生活費を178万円に切り詰め、保険を解約して初めて、ようやく生きていけるという状況です。

ここに出てきた問題点、賢明な働くシングル女子ならすぐにお気づきのように、すべて本書でお話ししてきたNGばかり。

ですから、そうならないように、ぜひこの本を活用してください。

きっと、バラ色のシングル生活を楽しめますよ。

この章のまとめ④

働く女子の老後の10大原則

1. ずっとシングルの定年女子に必要なのは「覚悟」と「計算」！
2. 毎月5万円で年60万円、10年で600万円貯蓄が減るという不安と戦う準備を！
3. 「ねんきん定期便」で自分の老後をシミュレーションしてみる！
4. 夫と死別した定年女子は、夫の年金額をまるまるもらえるわけではないのに要注意！
5. 遺族年金をもらう前に、優先順位とその種類を要チェック！
6. 30歳未満、子どもなしで夫の死別すると、遺族厚生年金受給は5年間のみ！
7. 離婚したシングル女子は「元夫」の年金に期待してもムダ！
8. 夫より稼ぎがあったシングル女子は、逆に年金分割を求められる可能性も！
9. どんなに仲のいい夫婦もいずれはシングルになる！
10. 働く女子は、定年女子になってもお金の使い方に気を配ること！

【著者】
井戸美枝
ファイナンシャルプランナー（CFP）、社会保険労務士。経済エッセイストとして雑誌や新聞に多くの連載をもつほか、講演やテレビ・ラジオ出演などを通じ、生活に身近な経済問題をはじめ、年金・社会保障問題などをわかりやすく解説。社会保障審議会企業年金部会委員、確定拠出年金の運用に関する専門委員会委員も務める。
『【図解】2018年度 介護保険の改正 早わかりガイド』（日本実業出版社）、『身近な人が元気なうちに話しておきたい お金のこと 介護のこと』（東洋経済新報社）、『定年男子 定年女子』（共著、日経BP社）、『ズボラな人のための確定拠出年金入門』（プレジデント社）、『お金が「貯まる人」と、なぜか「貯まらない人」の習慣』（明日香出版社）など著書多数。

45歳からのお金を作るコツ

2017年11月11日　第1刷発行

著　者　井戸美枝
発行者　唐津　隆
発行所　株式会社ビジネス社
〒162-0805　東京都新宿区矢来町114番地 神楽坂高橋ビル5F
電話　03(5227)1602　FAX　03(5227)1603
URL　http://www.business-sha.co.jp

〈カバーデザイン〉林陽子（Sparrow Design）〈本文DTP〉茂呂田剛（エムアンドケイ）
〈カバーイラスト〉ふるや ますみ
〈印刷・製本〉株式会社廣済堂
〈編集担当〉大森勇輝　〈営業担当〉山口健志

ISBN978-4-8284-1987-9